【マネジメントの基本】選書

マネジャー・どう行動すべきか

畠山芳雄

Yoshio Hatakeyama

日本能率協会マネジメントセンター

まえがき

ここに、一つの提案をしたい。

それはいま、企業・官公庁・学校・病院・団体など、すべての社会的組織のなかで働く部課長などのマネジャーは、自分自身を改めて点検し直し、みずからの手で、自己の意識と能力に革命を引き起こすべきではないかということである。

その主要な方向は、次のように考えられる。

1 ワンポスト・ひと仕事

マネジャーは、歴任する一つひとつのポストごとに、その組織にとって「恒久財産」となる仕事の実績を、確実に少なくとも一つは残して歩くこと。

2 人の面の重視

マネジャーの機能は、仕事の業績を上げるという「業務の面」の活動と、部下を動機づ

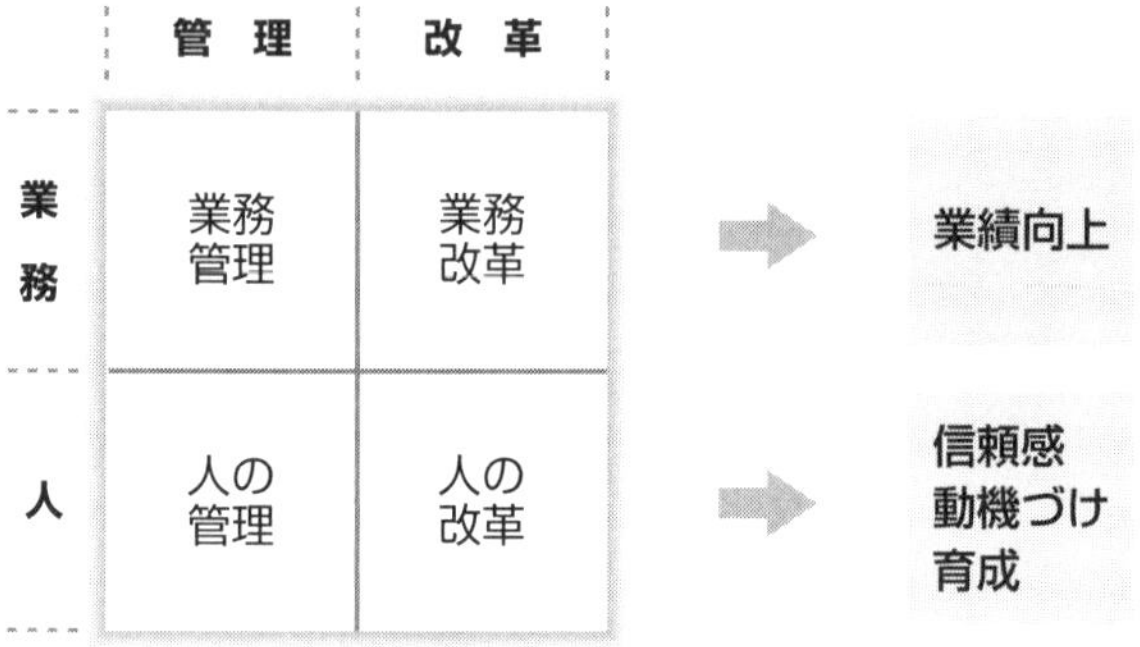

け、育て、上司や同僚を動かすという「人の面」の活動に分けて考えることができる。

マネジャーは一般に、その成果が定量的につかみにくい「人の面」の諸問題に対し、より大きな努力を傾けること。

3 「管理」から「改革」へ

マネジャーの機能はまた、ルールに従って日常業務を正しく運営し、内部の正常な人間関係・志気を保証する「活動」と、新たな発想と方法によって業務や風土を変革し、業績を激変させ、集団の体質を変える「改革活動」に分けて考えることができる。

マネジャーはまず、管理活動を完全なものとし、ついで改革を成しとげる必要がある。

4 段階的向上

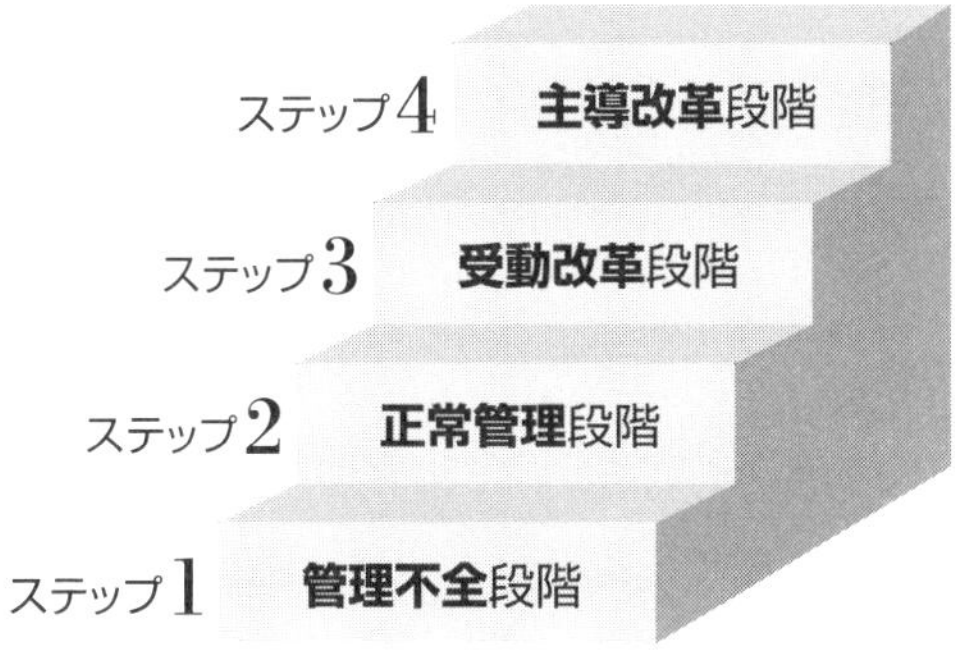

マネジャーが進歩する段階は以上の観点から、管理不全、正常管理、受動改革、主導改革の四つに分けて考えることができる。いまどの段階にあるかの自己評価を正しく行い、着実に一段階ずつ向上することが必要である。

5 自己革新

マネジャーは、歳を重ねても自己を限定することなく、常により高い目標に挑戦して新たな境地を拓《ひら》くとともに、仕事外で自己向上のためのプログラムを持つこと。

マネジャーがいかにあるべきかは、その時代の環境によって変わる面が大きい。変化のなかに生きる現代のマネジャーには、自己の役割を「業務」と「人」、「管理」と「改革」のマトリックスで把握し、これらの向上に努めることが必要と考える。
経営環境が錯雑の度を加え、困難な課題がさらに増加するなかで、本書がいささかでも読者諸賢に益するところがあれば、これに過ぎる喜びはない。

二〇〇五年九月

畠山芳雄

目次◆マネジャー・どう行動すべきか

第4章 業務改革……113

第III部 人の面でやるべきこと …168

4◆育成

終章 マネジャーの自己革新……267

第Ⅰ部

マネジャーの基本

マネジャーとは、
広い意味では〝部下を持つ人〟全体を意味するが、
ここでは課長、次長、部長と、これに準じた職務を持つ人を指し、
専門職を含まない。

第1章 マネジャーの本質とは何か

1 ワンポスト・ひと仕事

◇自分自身の明確な意思

すべてのマネジャーにとって最も根本的な問題は、それぞれのポストにおける明確な「自分の意思」、その部門では何が問題で、それをいかに解決するかという決意を、明確に抱いているか否か、ということだろう。

顧客などの意識が変わり、技術が変化し、内部の人びとの求めるものも変わりつつある現代では、第一線各部門の問題は、経営者層の人びとが直接それを個々に解決することには限界がある。したがってマネジャーは、自分が解決すべき問題を把握し、解決方法を自分の頭で考え、上司や同僚、部下や外部の関係者を動かして、望ましい状態を実現することが求められる。

組織の方針に基づいてこれを行うのは当然だが、それが不明確なら社内を調べ、自分が何を成すべきかを自分で決め、信ずるところに従って自律的に行動するのが、現代のマネジャーである。方針が明確でないことは、何もしないことの言い訳とはならない。

自分の担当分野に関する限りは、**社内広しといえども自分以上にその実態に詳しい人間はいない**はずである。問題はそれを一番つかみやすい立場にある人が把握し、その人のイニシアチブで解決するのが、その組織を最も有効に生かす道だ。今日のマネジャーは、単なる上からの指示の実行責任者ではなく、より能動的・自律的な、むしろ**部門経営者**とでもいうべき存在である。

明確な自分の意思を持つこと。これはすべてのマネジャーに、第一に必要な条件といえよう。

巨額の赤字を出した某社に社長として乗り込み、短期間に再建を成しとげたS氏は、そこにいた七十数人の部課長のなかから使えそうな人を選抜するため、一人十五分ずつの面接をし、仕事の内容、問題点、その解決方法の三項目について、それぞれの考えを聞いた。

その結果、うまく話せなかった人、わかりにくい話し方をした人、問題意識が漠然としていた人、他部門の問題ばかり指摘した人、提起した問題が多すぎた人、全体説明の時間配分がまずかった人を落第とし、明快に自分の問題意識と解決方向を述べた者だけを及第とした。

S氏によると及第者は八人で、この人びとを重要なポストにつけ直し、改めて意見を聞き、納得のいったものから実行をバックアップすることによって、短期間のうちに再建に成功したという。

自律ということ

マネジャーが、自分がいまのポストで成すべきことを決定するには、**会社全体からの要請と、部門内部の解決課題**、この二つの角度からの検討が必要となる。

まず、会社全体がいまどんな状況にあり、自分の部門に全体から求められているのは何かを探り、把握する必要がある。また一方では部門内の実態から、解決せねばならない内部問題は何かを、自分でつかむ。

そしてこの二つを勘案し、みずからの責任でそのポストで成すべきことを自律的に決定し、実行するのがマネジャーである。それは単に上からの指示に従えばよいというほど単

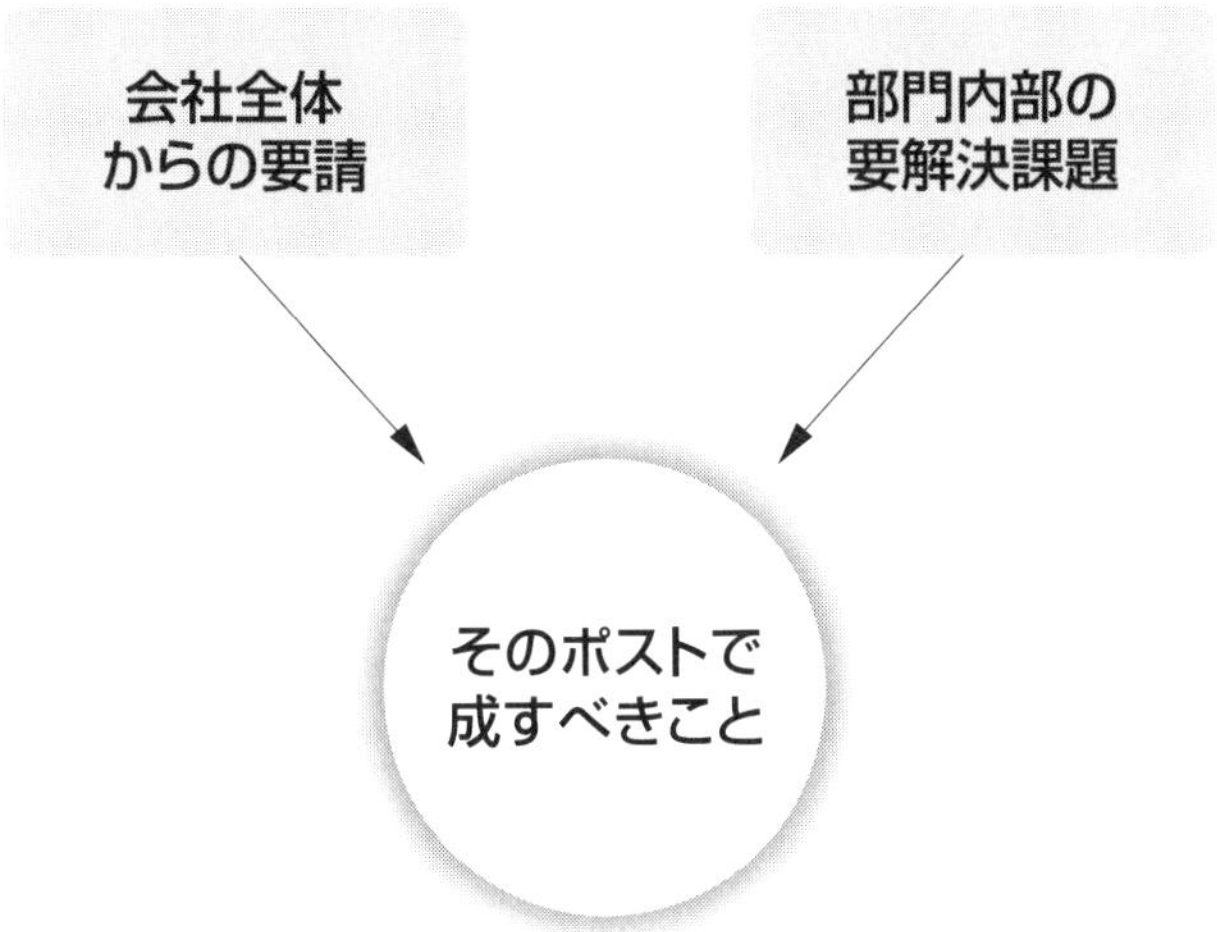

純なことではなく、また担当部門の立場だけで行動すれば事足りるほど、簡単なことでもない。

マネジャー全員がこのように行動し、その結果、会社の全部門での諸問題が自主的に克服される体制を確立することによってはじめて、組織は激動する環境に対応し、みずから変化しつつ新たな道を拓くことができる。

マネジャーの本質は、その自律性にある。信じるところに従って行動し、その結果を甘んじて受けるのが、マネジャーの真骨頂である。

セルフ・チェック

あなたの現在のポストにおける〝自己の意思〟について、次のどれに当たるか。いまの自分の状態に最も近いと思われるものに✓をつけて下さい。

- ❑ 解決すべき重点問題からその対策方法まで、直ちに明快に述べることができる。
- ❑ 考えを述べることはできるが、どれくらい具体的に方法を述べられるか、怪しい。
- ❑ 就任後まだ間がなく、現在検討中。
- ❑ 就任後だいぶたっているが、明確な考えがあるとはいえない。

◇──動かす力

企業などで働くすべてのマネジャーに共通な第二の機能は、こうして決心した〝自己の意思〟を、

人を動かして実現する

ことである。

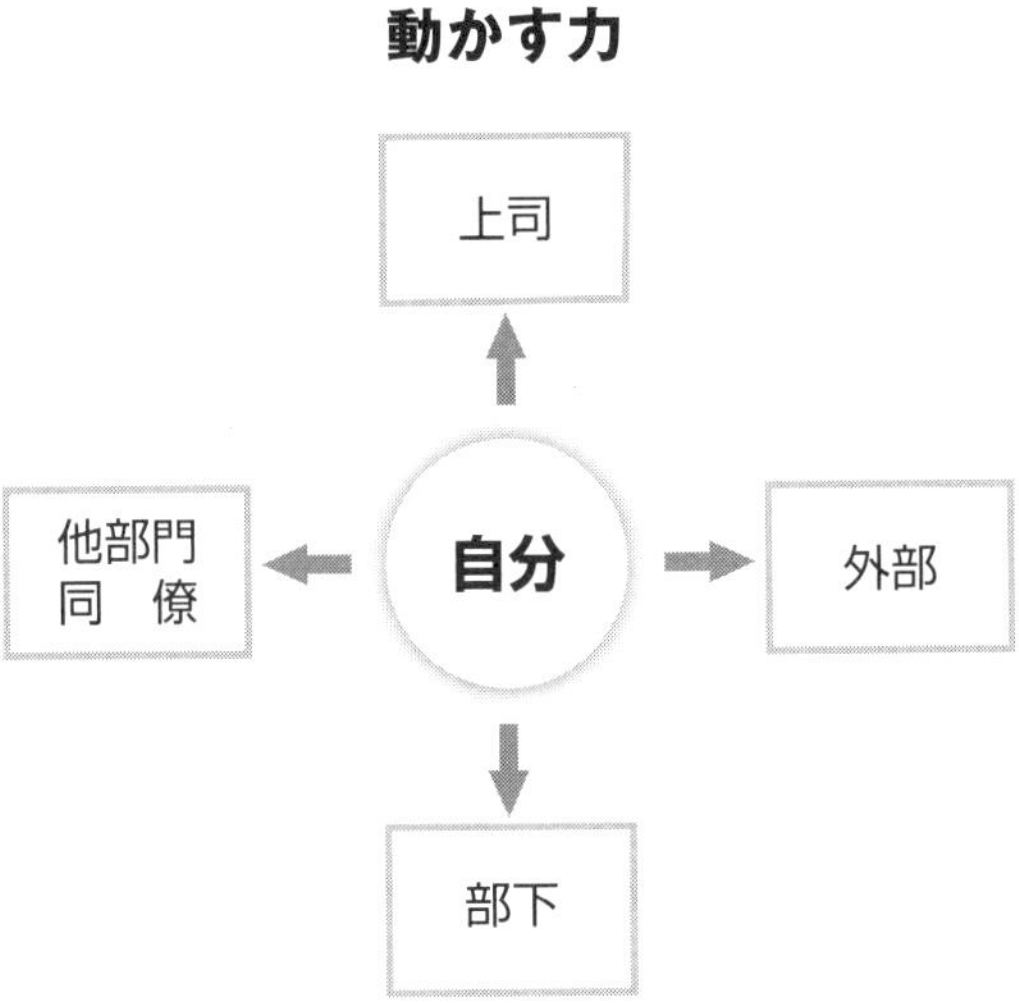

マネジャーは部下を持ち、この部下を動かして必要なことを実現する。自分で直接行動もするが、それとともに部下の力を使い、その潜在能力をフルに発揮させて目的を達する。つまり**人使いがうまい人**であることだ。

しかし、社内で自分が必要と信じることを実現するには、単に部下を動かすだけではなく、まず上司を動かすことができなくてはならない。自分の考えを話し、同意を得、その積極的な応援を得てはじめて、自分の意思の実現が可能となる。

また他部門のマネジャーに対しても同様であり、理由を話し協力を求め、同僚の協力を組織する力が必要である。

企業の場合なら、顧客や銀行、組合や取引

先など、自分の属する組織から見て外部の人びとに対しても同じことがいえる。信じることを話し協力をとりつけることは、マネジャーにとって欠くことのできない仕事であり、それは官公庁でも病院でも同じである。

かくてマネジャーが動かすべき対象となる人びととは、部下だけを意味するのではなく、上司、同僚、外部の人を含めた四つであり、それぞれに対し、バランスのとれた〝人を動かす力〟を持つ必要がある。これは現代のマネジャーが、かつてのような経営者の高級使用人ではなく、自発的な意思を持った部門経営者であることに起因している。

かつては、「下には強いが上には弱い」タイプのマネジャーがいたが、いまでは、この種の人は存在しにくい。いまの部下は、自分の上司が、社内でさらに上や他部門に対し、どれだけの影響力・説得力を持っているかをよく見ており、社内での影響力が上司にないと見ると、自分で力をセーブする傾向を持つ。上に弱ければ同時に下にも弱くなり、組織のなかで浮き上がりやすい。

セルフ・チェック

- ❑ 自分は、部下を動かせるだけでなく、上司、同僚、外部のいずれに対しても、必要な〝動かす力〟を持っている。
- ❑ 部下、上司、同僚と、組織内部はまあ自信があるが、外部に対しては不十分である。
- ❑ 上司を動かす力には、問題がある。
- ❑ 他部門の協力を取りつける力は、不十分だと思う。

◇結果による評価

マネジャーという仕事の、いま一つ重要な性格は、かれを評価する尺度がすべて、

現実に何を成しとげたか

で測られることであり、知識がいかに豊富でも、顔がいかに広くとも、さらにはいかに弁舌さわやかであっても、実行力がなければすべてゼロだということにある。

社会に存在する組織体は、すべてある目的をもって分業をしている。企業は、よりよいもの（サービス）を、より安く供給するために存在しており、病院は患者をより早く完全

に、より安く治すために機能している。それらはすべて、なんらかの新しい状態を創り出すための活動である。

マネジャーはそれを実現する基幹となる人だから、自分が実際に実現したことをもって測られ評価されるのは当然である。知識や情報は重要ではあるが、それらはすべて新しい状態を創造するための手段にすぎない。

マネジャーは、目的と手段、本質的なものと本質的でないものを明確に分けて認識し、それを取り違えないよう注意を要する職務だともいえよう。

◇確信できる業績を残す

以上のような立場から、マネジャーとは何かを定義しようとするならば、

マネジャーとは、

> 自分の意思を
> 人を動かして
> 実現する人

ということができよう。

マネジャーは一生の間にいろいろなポストを歴任する。自分の経験の深いポストもあれば、全く未経験のポストもある。かつていろいろな人が座った伝統的で評価の定まったポストもあれば、新設で自分がその骨格をつくらなければならないポストもある。左遷《させん》に見えるポストもあれば、輝かしく映るポストもある。

そしてそれぞれのポストでは、時代の変化とともに新たな問題に直面するのが常である。同じポストでも、十年前にそこに座った人と、いま座った人とでは、仕事の内容も成しとげるべきことも大きく異なるのが、その実態といえる。

マネジャーはかくて新たなポストにつき、自分の目で判断してそのポストで成しとげねばならないことを決心し、部下や上司、同僚や外部の人びとを動かし、在任する何年間かの間に、自分の意思を実現する。そしてさらに別のポストに移り、「自分の意思を、人を動かして実現する」ことを繰り返していく人である。

マネジャーにとって永遠にして不変のテーゼは、歴任する一つのポストで、少なくとも一つ以上の、その組織にとって意味のある仕事、業績を残して歩くことである。

それは中央省庁の課長が新たな政策を推進して制度や路線を敷くことであるかもしれないし、量販店の店長が業績の悪い店に乗り込んでそれを再建することかもしれない。病院の事務長が内部のシステムを改善して計数的に全体をつかめる体制を確立することかもしれないし、工場の課長が懸案だった品質問題を解決することであるかもしれない。

マネジャーに必要なことは、あとから自分の過去を顧みて、あのポストでの何年間かは、〝とにかく忙しかったな〟といった不確かなものでなく、自分で必要と信じたことを成しとげたと確信できる生き方をすることだといえる。

ワンポスト・ひと仕事。これが歴任するポストでどの程度に成しとげられているかによって、その人が真のマネジャーかどうかが証明される。

2 前任者・後任者との分業

恒久財産

ある都市銀行の支店長の話である。

「この支店の六代前の支店長は、いま専務のOさんですが、当時のO支店長は、危なっかしげに見えた四つの中堅企業の経営者を見込み、まだ主力銀行も定まっていなかったのを、本店を説得して異例の取引をはじめた。

これがいまではみな上場会社になり、うちを主力とすることになっている。この支店の成績がこの地域ではきわ立っていいのも、それは当時のO支店長の布石が、まだ効いているということなんですよ」

ワンポスト・ひと仕事というが、その〝残すべき仕事〟には、一つ重要な条件がある。それは、自分がそのポストを離れたら雲散霧消するような一過性のものではなく、離任後も脈々と機能し続け、その組織のために貢献する恒久財産でなくてはならないということである。

マネジャーが新たなポストについたとき、そこで直面する業務には、ルーティン・ワークを処理することと、その部門の体質を変えることとがある。ここでいう〝ひと仕事〟とは、管理面でミス・トラブルをなくして正常化すること。仕事や風土を改革し、部門の体質を変えることの両方を意味する。O支店長はこの支店の顧客構造を変え、これがその後も、この支店の業績を継続的に支配し、一つのエポックをつくった。

ルーティン・ワークを正常化するのも、体質を変えるのも簡単ではない。時間もかかるし突破すべき障害も多く、知恵とエネルギーが要る。いかに多くのポストを歩いても、それぞれの場所で日常業務を処理しただけでは、組織のなかに自分が生きた証《あかし》は残らない。

すべてのマネジャーが、それぞれのポストで自分の信じるところに従って恒久財産となるものを積み上げる。そして他のポストに移り、前任者の積んだ財産の上に、さらに自分の財産を積む。かくてすべての部門で年々新たな財産が積み上げられ、レベルが向上していくことによって、その組織ははじめて社会的に信頼され、発展する存在となる。

セルフ・チェック

自分は前任のポストで、

- ❑ 恒久財産といえるものを確実に残してきた。
- ❑ 意識的に努力したつもりだが、それがあとまで残るものだったかどうかには疑問が残る。
- ❑ 日常業務をこなしただけで、とくに残ったものはないようだ。

◇前任者の〝遺産〟について

マネジャーは、一つのポストで、最小限一つのことは成しとげる必要がある。しかしマネジャーを取り巻く実際の環境というものは、それほど単純ではない。

某市の水道局長として赴任したN氏は、職場の様子が変わっているのに驚いた。かれはかつてこの局に勤務した経験があったが、様子は一変していて出勤時間が遅く、規律は乱れ、小さなトラブルが、みな組合を通して大きな問題にされるようになっていた。市民の評判も悪かった。

前任の局長は政治的に動くことが好きな人で内部をよく見ておらず、組合と頭越しの取引をしたため、幹部は何もしないようになってしまったことがわかった。

N氏はむかしの経験から新ポストでの構想を温めていたのがそれどころではなくなり、その後三年にわたった在任期間中正常化に努力したが、市長の腰も座っておらず、振り回されるだけで後味の悪い思いをしつつ他のポストに去った。

前任者の残した〝遺産〟というものは、いろいろな形で後任のマネジャーに影響を及ぼす。これに類した経験は、マネジャーにはよくあることである。そしてこの種のマイナスの遺産が存在するときは、まずそれを片づけることに全力をあげなくてはならない。

前任者の時代にはじめた大きな仕事が終わっておらず、それを完成することが先ということもある。なかには、自分の意図したことを自分流儀に部内を染め直してやりたいため、前任者のやったことをことさらに否定してしまう人がいるが、前任者からの仕掛《しかか》り仕事はその価値を冷静に評価し、それが価値あるものならば、まず先にそれを完成するのが、成熟度の高いマネジャーだといえよう。

マネジャーは、永遠の生命を持つ組織のなかにあって、その部門の歴史の一齣《こま》を担う人である。マイナス遺産が残されていたなら、まず黙ってそれを解決せねばならない。自分のやりたいことがあっても、前任者の仕掛りの仕事が評価できるものならば、自分の功名心は抑え、その完成に全力を尽くすべきだろう。

ワンポスト・ひと仕事はよいが、〝目立ちたがりや〟はよくない。見栄えのする仕事ばかりに走るのは邪道である。そのポストで何をやろうとするか、それによって人間というものがよくわかる。

前任者からの業務の引継ぎは重要である。引継書をつくって申し継ぐことができていない組織がある。引継書は整っているが形式だけで、肝心のことを前任・後任者の間でよく話し合う習慣のないところもある。

前任者と後任者は、〝時間的に分業する〟のだということを、よく理解したい。

◇――マネジャーが一つのポストで成しとげるべき三つの課題

前任者の〝遺産〟が存在しないか、またはその処理にそれほどのエネルギーが要らないときは、自分が自主的に決めた課題に、直ちに取り組むことができる。これが最も望ましい状態であることはいうまでもない。

この自主的課題については、上司に先手を取られないこと。自分から言い出すことが重要である。数字や資料を調べ、部下の意見や上司、関連部門の意見希望などを聞き、会社全体と内部の実態を考えて、就任後ホットなうちに成すべきことを決心し、上司の了解を得る。ほぼ就任三カ月以内がメドであろう。

マネジャーが一つのポストで成すべきいま一つの課題は、後任者のための布石をすることである。

直面する問題には、すでに顕在化し誰の目にも見える問題と、まだ表面化してはいないが数年たつと問題として姿をあらわす潜在的な問題とがある。**問題というものはすべて、時がたつほど解決が困難となり、費用とエネルギーを必要とする性質を持つ。**

後任者への布石とは、潜在問題をつかんで必要な手をいまから打ち、あるいはそのための準備を進めることである。これはいずれにせよ、自分の代では花は開かないかもしれない。しかし「自分と後任者との分業」を考え、後任者が最も仕事がしやすい環境をつくることは、すべてのマネジャーのつとめであり、真剣に責任を果たそうとするマネジャーが、互いの信頼を強化するきずなになる。

かくてマネジャーが一つのポストで成しとげるべき課題は、

1 遺産処理課題
2 自主課題
3 布石課題

の三つとなる。これを正確にカバーできるか否かは、一にその人の力量によるといえよう。

セルフ・チェック

自分は前任のポストで、
- □ 日常業務だけに明け暮れ、三つの課題を意識するところまではいっていなかった。
- □ 前任者の遺産処理は終わったが、それ以上のことはしていなかった。
- □ 遺産処理は終わり自主課題に着手したが、それを完成できなかった。
- □ 遺産処理、自主課題は成しとげたが、後任者への布石には及ばなかった。
- □ 三つの課題は、すべて成しとげた。

◇──評価を気にせず、信念に生きること

マネジャーの仕事というものは、もともと評価の難しいものである。前任者の遺産の影響を受け、残していったマイナス要素に振り回されるだけのこともあるし、前任者が進めたことが自分の代で開花して、それほどの役割を果たしていないにもかかわらず賞讃されることもある。よくも悪くも、前任者のやったことは自分の代にずれ込み、自分のやったことと混合して結果があらわれる。

仕事の業績のあらわれ方

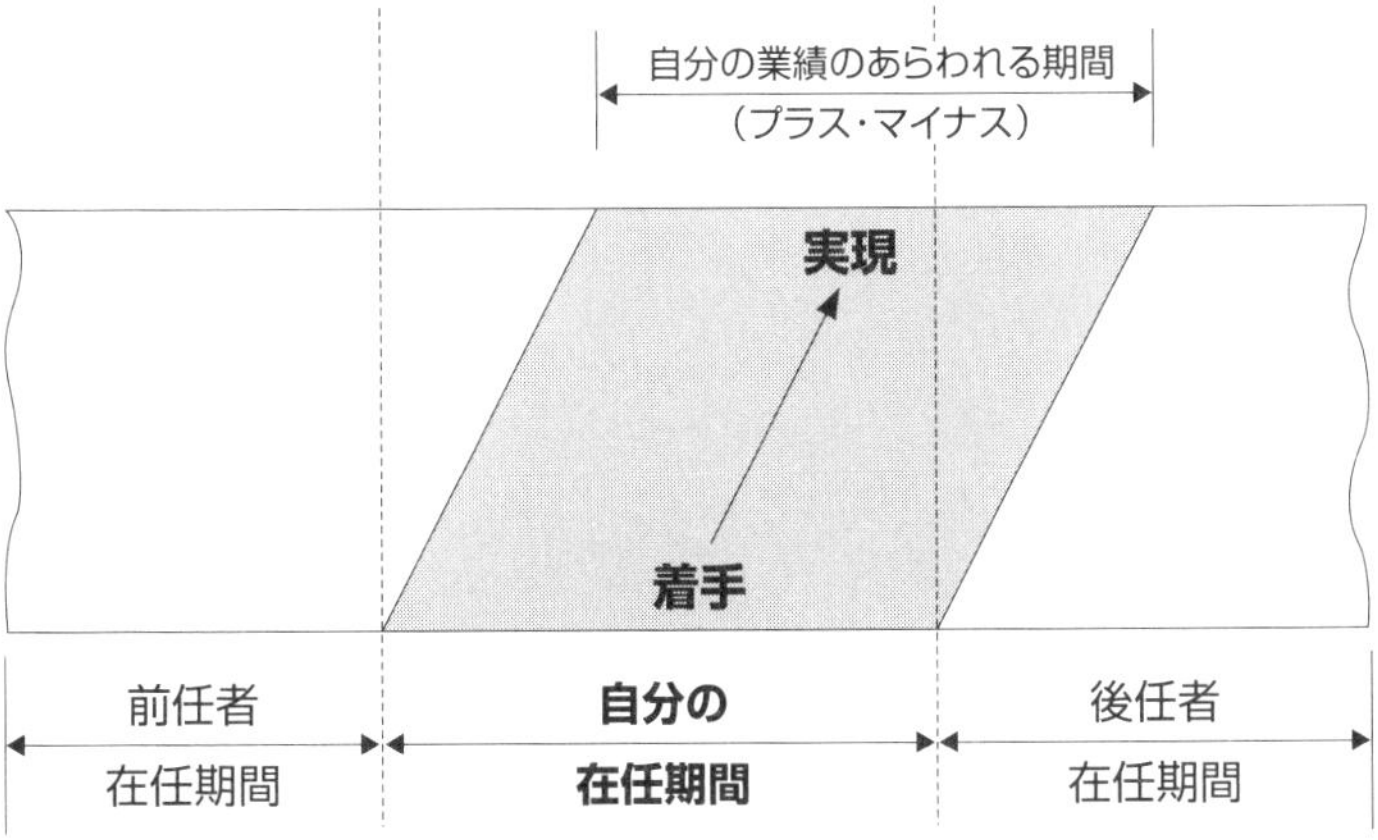

前任者の残したもののなかには、うまくいって当たり前のことが多い。後任者への布石の効果は、自分の在任期間の間にはわからない。前任者が見過ごした重大な潜在問題が、後任者に爆弾を仕掛けたと同じことになるのも、しばしばである。

したがってマネジャーの正確な評価は難しく、自分の残したことを評価してもらいたいと思っても、失望せざるを得ないことも多い。マネジャーのマネジャーたるゆえんは、一切の評価を気にせずみずからの信念に生き、必要ならいかなる困難にも立ち向かっていくことができるか否かにかかっているといえよう。

どろどろした現実のなかで、これをどう考えるかは一人ひとりの人生観による。これは個人の自由に属する領域の問題である。ただ一つ言えることは、部下は常に上司がいかなる人であるかを正確に知っており、これによって信頼関係が決まっていくという事実である。

マネジャーが離任の挨拶に述べる慣用句の一つに、

〝○年間、大過なく過ごさせていただき……〟

というのがある。

これは何気なく使うことが多いが、重大な矛盾《むじゅん》を含んでいる。マネジャーがそのポストで残したことは、その全部が在任期間のうちにあらわれるわけではない。離任のときに〝大過なく〟というのは不遜《ふそん》な言葉である。

もう一つ、〝大過なく〟という言葉を、一緒に仕事をしてきた部下に呈するのは、〝おれも仕事をしなかったが、きみたちも大したことなかったな〟という当てこすりにはならないか。まあそれが本音《ほんね》であるなら、それも面白いが。

とにかく、〝大過なく〟では困る。何かを残さねばなるまい。

要約

1 マネジャーとは、自分の意思を、人を動かして、実現する人、である。

2 現代のマネジャーは、単なる使用人ではなく、組織全体からの要請と担当部門内部の問題を的確につかみ、明確な「自分の意思」をもってまわりを説得し、自律的にそれを実現していく部門経営者である。

3 マネジャーはまた、「人を動かす人」である。そして部下だけでなく、上司、同僚、外部を含めた四つを動かす能力が要求される。

4 マネジャーは、自分の意思を「実現する人」であり、ただ一つ、実行した結果だけによって評価される人である。目的と手段を峻別《しゅんべつ》しなければならない。

5 ワンポスト・ひと仕事。マネジャーは歴任する一つひとつのポストで、離任後もあとに残って脈々と組織に貢献する「恒久財産」を残して歩かねばならない。その多くは、部門の体質を変えることを意味する。

6 マネジャーが一つのポストで残すべき仕事は、三つの部分から成る。まず前任者の遺産を処理し、自主課題を成しとげ、後任者への布石までを終える必要があり、このうちのどこまでを果たせるかが、マネジャーの成熟度をあらわす。

7 マネジャーは自己の評価のされ方にこだわることなくみずからの信念に生き、信念に基づいて成すべきことを成す人である。

第2章

マネジャーの機能

1 「業務」と「人」

◇仕事と人

すべてのマネジャーの活動は、二つの側面に分けて、つかむことができる。それは、業務の側面と人の側面である。

ここでいう「業務」の側面とは、要するに仕事の面、仕事を計画し実行し成果を収穫する活動であって、その進行状況や成果は、おおむね数字をもって定量的に把握することができる。企業でいえば、これは業績向上をめざす活動であって、官公庁・病院・学校など、社会的組織の種類ごとに、異なる発想と価値体系、技術を内包している。

いま一つの側面は、「人」の面。部下・上司・同僚・外部など、接触する人びととの間

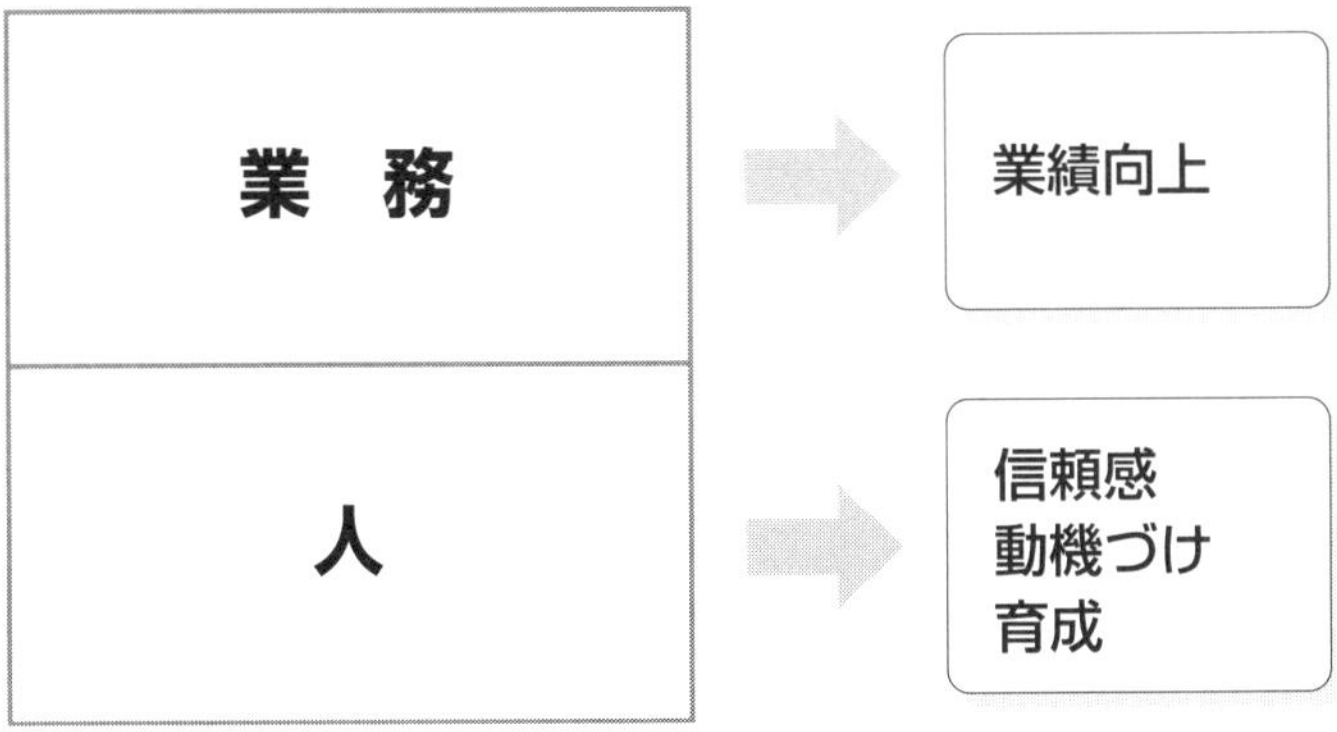

で信頼関係を維持し、依頼し、説得する。また部下にやる気を起こさせ、育てるといった対人間活動であって、業務の側面に比べ、その成果を定量的に把握することは必ずしも容易ではなく、またその努力の成果は直ちに発現せず、あるタイム・ラグをもってあらわれる傾向が強い。

人の側面における活動は、基本的には各種の社会的組織に、共通のものである。ただし、業務の性格や集まった人びとの性向、共通の体験から生まれた風土の差——価値観や行動習慣の差を含むもので、また人種や社会的風土の差の影響を受けやすい性格を持つ。

◇部下の人生に対する責任

マネジャーとしての人の面の諸問題のなかで重要なのは、その行動がいかに部下の人生に大きな影響を及ぼすかということである。次の例はその性質をあらわしている。

だいぶ以前のこと、わたしはコンサルタントとしてある会社にいき、そこでS氏に会った。かれは資材部で主原料の購買を担当する係長だったが、よく働き、性格が明るく、若くて仕事のできる人にありがちな高ぶったところがなく、外部との折衝能力も歳に似合わず相当なもので、仕入先の大メーカーとの折衝も実質的に任されていた。

かれは原材料の購買だけでなく、その在庫管理から原単位管理までを考えた新しい方法を工夫し、それを倉庫や現場の関係者と協力しながら軌道に乗せた。かれは管理者として大きく伸びる素質があると思われた。

十年後、また縁あってその会社を訪問したとき、私はS氏が、おそらく中堅課長として活躍中であろうと想像していた。しかしS氏は、別人のように変わっていた。かつてのような目の輝きがなく、四十の坂をすでに越えながら課長ではなく、仕事は前と同じで、積極的だった人が無口になっている。

幹部の話によると、かれは原料の専門家で、大事な人であることには変わりはない。しかし、むかしのような精彩を欠いていることは確かだという。課長は、その後三代変わり、S氏も課長候補として何度か話題にのぼったが、あまりにも専門家すぎるため、多くの人を使って仕事をするには不向きという理由で昇進が遅れたそうである。

そして人事部のある幹部の話によると、とにかくS氏は頼りになる男で、かれを他部門に転出させることについては、その後の歴代課長の誰もが頑強に反対した。惜しい人間だったが、いまとなっては手遅れで、かれもベテランで頭が堅くなって、何でも自分の思いどおりに運ばないと気がすまないようになった。だから下の若い連中も一緒に働きたがらない、ということであった。

S氏は、この十年の間に、殺されていた。

マネジャーは**結果的に、部下の人生を支配している**という一面がある。一緒に仕事をしているうちに部下は飛躍の重要な転機をつかみ、伸びることもあれば、S氏のように歴代マネジャーの行動によってダメにされるケースもある。組織のなかでの人の運命というものは、はかり難いものだといえよう。

一人ひとりの部下はそれぞれ、引き返すことのできない自分の人生の一本道を歩いており、また一度過ぎた年齢は二度と戻ってはこない。マネジャーは部下の貴重な日々をともに過ごしているが、S氏に類した例は、組織のなかには無数に存在している。

わが国では、マネジャーが部下より年長であることが多く、マネジャーの長所も欠点も、ともに部下に伝染しやすい。どんな仕事を担当させられるか、職場の雰囲気が前向きか後ろ向きか、どんな人間関係がそこにあるかは、個々人の考え方やその後の成長に支配的な力を持つが、これらを事実上決定するのは、マネジャーにほかならない。

マネジャーは、結果的に他人の人生を支配する仕事である。この謙虚な自覚が、マネジャーの行動の基点とならなければならないだろう。

また人の面での活動は、それが定性的なもので、かつ努力の成果が出るまでにタイム・ラグがあることから、マネジャーの関心は、ややもすると数字で議論できる業務の面に偏りやすい性質を持っている。

しかし現実には、人びとの能力と意欲が向上してこそ、業績の着実な向上があるわけで、マネジャーは一般に、今まで以上に「人の面」への意識的な努力を必要としている。

◇――人は手段にあらず

マネジャーの活動における業務の面と人の面は、それぞれ独立の目的を持っている。そしてマネジャーはこれを両立させ、相互のバランスを保たねばならないものである。人は仕事の手段ではない。前出S氏のケースは、経験者を一職務に固定して仕事の利便を第一とし、結果的に当人の可能性を摘みとる形で人間を犠牲にした。人間を手段視するのは許されないことである。

マネジャーはこの両者を両立させる道を選ばねばならないし、その道は常に存在する。S氏の異動に抵抗した課長は、かれを転出させて未経験の職務での自己開発の機会を与え、ベテランを失った自課内の隙間を自分で直接カバーし、後任の養成に努力すべきだった。これによってS氏と後任者の能力開発を助けることが、自分のわずかな配慮で可能となる。ベテランがいなければ仕事の責任が持てないというのでは、マネジャーの資格はない。

業務の面は最終的に、高質安価な物やサービスを供給して顧客や社会の人びとのために働くことを意味し、人の面は組織内部の人びとに働きがいのある職場をつくり、その能力を高める活動である。二つはマネジャーの献身の対象を異にするが、それぞれ重要な活動であり、両立するだけでなく、本来相互刺激的なものである。

仕事の面で成果が上がればグループ内に自信が生まれ、達成の喜びが信頼感と積極的な気風を生む。またメンバーの能力が向上すれば、仕事の成果はさらに高まる。

このメカニズムを理解し、自分の職場を成長循環に導くことが必要である。

2 「管理」と「改革」

◇――メンテナンスとイノベーション

マネジャーの活動を別の見地から分類すると、それは管理活動と改革活動に分けて考えることができる。

ここでいう「管理」活動とは、要するに日常のメンテナンスの活動であって、業務の面でいえば、部門の日常活動を、ミス、トラブル、取りこぼしなく、正確に運営すること、また人の面でいえば、部内の人間関係を正常に維持し、全員が楽しく働くことができ、有能な人が辞めるようなことがないようにするなどの活動である。

これに対し「改革」活動とは、**新たな発想と方法によって**業務や内部風土などを大き

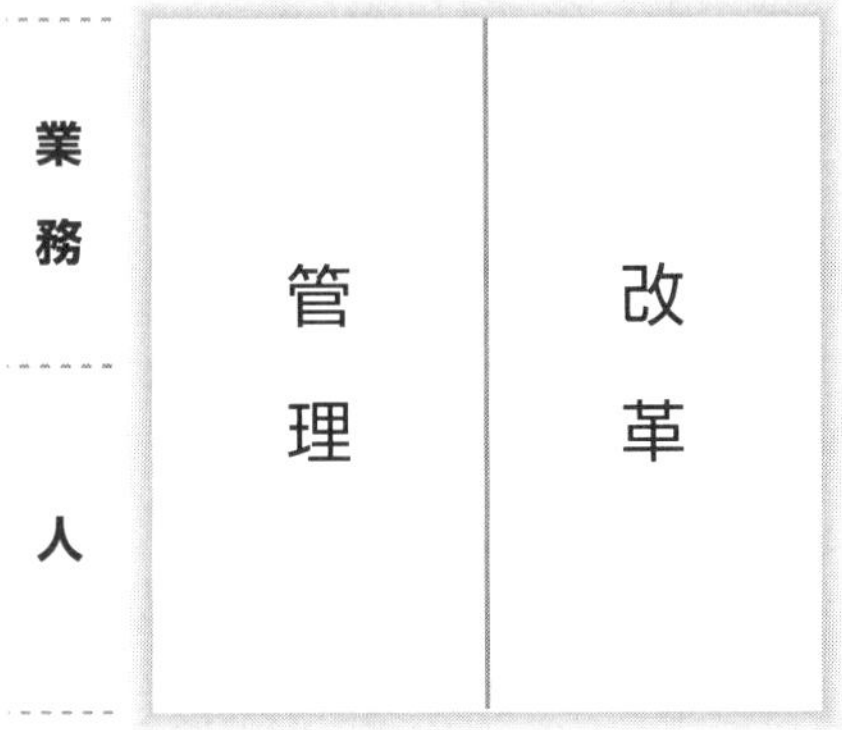

く変えることにより、業績を激変させ、人間集団の質を飛躍させることを意味する。メンテナンスに対していえば、これはイノベーションであり、管理活動が一定の発想や活動方法を前提とするのに対し、改革活動はその発想の根本から変え、新たな体質をつくることを意味している。

　マネジャーの活動を、「管理」と「改革」の二つに分けて把握することの必要性は、マネジャーを取りまく外部環境の変化の速度が速く、かつ連続的であることに起因している。顧客の欲求の変化や技術革新、従業員意識の変化や法令法制の改正、国際金融経済の変化や競争関係の激変など、すべてはマネジャーの改革への行動力を要請するもので、これがうまくいかないときは重大な事態となりかねないのが現状である。

しかしマネジャーの立場から見ると、管理活動と改革活動の性格は大きく異なり、管理活動に慣れたマネジャーにとっては、改革活動は異質の、意識的努力によらねば克服できない性質のものである。また管理活動は改革活動の前提としての性格を持っている。たとえば、決定したことがきちんと守られないという管理不全の状態では、クリティカルな要素を常に持ち、とくに集中的努力を要する改革を行うことは難しい。

管理活動と改革活動は、以上の諸点で顕著な差がある。

マネジャーの職能をどう分類するかについては、むかしからいろいろな考え方が行われてきた。そしてこれらは、常にその時代の社会環境や産業環境との関係から、有用な考えが採用されてきたように思われる。

マネジャーの職能を、管理と改革に分けて把握しようというのは、マネジャーにとって、実務上有用で役立つことを中心にしての考えである。つまりここでは、単に論理的に反論の少ない区分よりもむしろ、時代に即した新たな発想と行動を刺激するような分類が必要との考えに基づくものである。

改善と改革

乗用車の販売は、戦前から訪問販売方式を採っていた。

この方式の基本発想は、〝顧客の場で売り込む〟ことであり、そのためには訪問件数が問題で、体力が要ることから、セールスには定期に男性を採用し、数カ月の基本訓練を行い、先輩につけてＯＪＴで教育し、一人前にしてセールス管理システムに入ってもらおうという方法論が定着した。

しかし訪販方式は、家庭の主婦が家を空けることが多くなるにしたがって会える確率が落ち、代わって〝いかに店に客を集めて売り込むか〟という発想による店売方式が登場した。この新しい発想により、女性の採用、電話による来店勧誘やダイレクト・メール、ＴＶスポットなども使った休日イベント方式が定着し、セールスの生産性は急速に向上した。

こうした新発想と新方法を早く取り入れた系列ディーラーのシェアは結果として大きくなり、採用が遅れた販売会社は、不利な体制を甘受せざるを得なかった。

これは、営業における「改革」活動の一つの例だが、こうした業務面での内部改革は、

	訪問販売	店　売
基本発想	顧客の場で売り込む	店に客を集めて売り込む
方法	・男性採用 ・基礎訓練 ・OJT ・システム、販促	・女性採用 ・電話勧誘 ・DM、TVスポット ・休日イベント

工場・研究所・開発部門などすべての部門において必要となっており、また新技術、新装品の開発や内部的組織制度改革、各種の長期戦略の実行も、ここでいう「改革」の概念に含まれる。

改革活動で注目すべき一つの特徴は、それが**新発想と、それに基づく新方法**の二つで成り立つということである。まずはじめになんらかの新発想が唱導され、みんなの考え方が変わり、それによって新たな方法論が大量に生み出される、という形をとることが多い。

ところで、「改革」に対し、「改善」という言葉がある。これは各種の社内小集団活動や提案制度などにより、従業員が仕事の品質や効率を高める自主的な活動を意味し、いままではＫＡＩＺＥＮと米語になるほど海外にも知られているが、この改善は一定の基本発想のなかで、その方法論だけが新しくなることを指すと解するのがよい。

訪販から店売へと、基本発想そのものが変わり、その結果、方法論も大幅に変わるのが「改革」。訪販方式のなかで、訪問順路の合理化による効率向上や、店売のなかでのダイレクト・メールの名簿を工夫することによって来店者を増やすなどの活動を「改善」と考える。

そしてこの改善活動は、さきに述べた管理と改革の区分でいえば、前者、管理活動の一部と考え、改革とは異なるものとするのがよいと思われる。その理由は、改善活動はもともと、部下がそれを盛んに行うようルーティン・ワークのなかでマネジャーが指導奨励する性質のものだからだ。したがって、いかに部下の改善活動が盛んであっても、これによって、その発想の根本から変える改革は、マネジャーが別に考えねばならないことを意味する。

3 マネジャー・マトリックス

◇マネジャー四つの機能

以上、業務と人、管理と改革の区分原理を重ね合わせると、マネジャーの機能は次ページの図のようにマトリックスとして理解することができる。

業務の面には、日常業務を完全に行うよう運営する業務管理と、業務面での諸改革を意味する業務改革がある。そして人の面には、人間関係を正常に維持する人の管理と、人の改革の二つが存在することになる。

ここでいう風土改革とは、その部門内部の風土、共通的な価値観や行動習慣を大幅に変えることと、部下の性向や態度、行動を個別に変化させる部下改質の活動が含まれる。こ

	管理	改革
業務	業務管理	業務改革
人	人の管理	人の改革

うした人間個人、あるいは集団の性向を変えることは必ずしもやさしいことではないが、しかし一面では、新任の部課長が就任した部門で、急激に内部の風土が変わり、業績も大幅に向上する例は、どの会社でもしばしば見られる。これは能力あるマネジャーには、常に可能なものである。

管理と改革は、その性格が根本的に異なる。前者はルールを守り、ミスなく運営することが中心であり、後者は既存のルールを打ちこわし、新たな秩序をつくりあげることである。性格の反するこの二つを「実現」することは、マネジャーにとって必ずしもやさしくはない。

しかし、最終的にこの両方を完全に果たす

ことができなくてはなるまい。なぜならば、いかなる部門も、例外なしに管理と改革の両方を要求されるのが、現代の組織の特徴だからだ。そして、いま多くの部課長が、これを実践している。

◇──マネジャー進歩のステップ

業務および人の両面でのマネジャーの進歩、成長の段階は、四つに分けて考えることができる。

0《ゼロ》段階は**管理不全**の段階。これは管理そのものが完全にできず、仕事にミスや人間のトラブルがある状態、企業でいえば営業で顧客を他に取られたり業績が前より落ちたり、有能な人が辞めたりすること。官公庁では住民とトラブルを起こしたり不評を買ったり、病院では失態があったりといった状態である。新任マネジャーは、就任当初は不慣れのためこうしたことが起こり得るが、これは一年以内に卒業を要する。その後も不全状態であれば、マネジャーとして不適と考えるべきだろう。

次は**正常管理**段階。日常業務は問題なくこなし、ミスやトラブルは起こさず、仕事と人間関係をメンテナンスすることについては十分であるが、改革はできないという段階であ

マネジャーの進歩成長の四段階

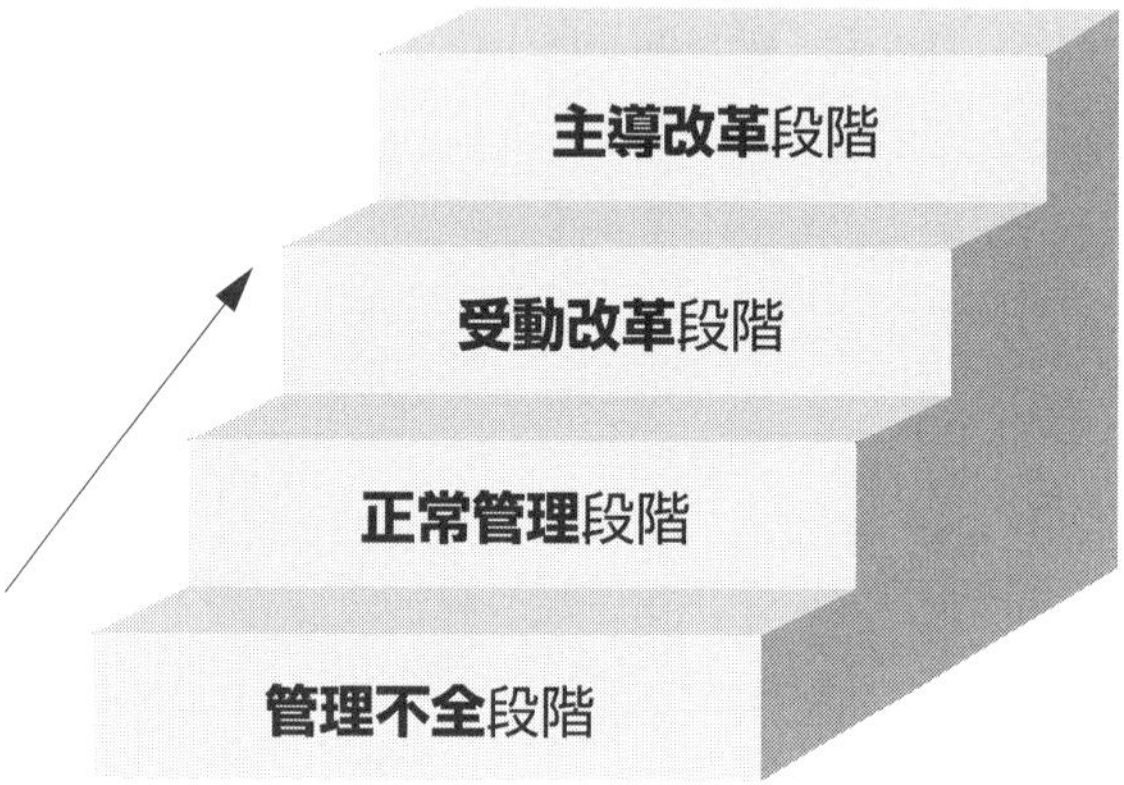

る。

第三は**受動改革**段階で、管理は卒業。さらに改革は上司が方向と構想を示せば、それを実行することができるのがこれであり、そして最も望ましいのは、自主的に改革の方向と構想をつかみ、上司や関係する他部門を動かしてそれを成しとげる**主導改革**段階で、これがすべてのマネジャーの到達すべき目標である。

課長として数年の経験を経たら、全員が主導的な改革能力を持つことを目標とすべきだ。次長、部長への登用条件は、当然これが前提となる。そして同じ主導改革能力を持つ人でも、その第一歩は一部門、単一機能についての改革ができるクラスであり、その上に事業部や、これに準じる事業部門単位での主導構造改革ができるクラス、さらに最高級として複数の事業部門を主導して改革できるクラスになる。
役員ないし理事職への登用条件には、事業部門単位の主導改革能力が必要となろう。これはスタッフ系のマネジャーでも同様である。

セルフ・チェック

自分の業務面での能力段階は、いま、

- ❑ 管理不全段階にある。
- ❑ 正常管理段階にある。
- ❑ 受動改革段階にある。
- ❑ 主導改革段階に入っている。

要約

1 マネジャーの機能には、二つの面がある。それは、「業務」の面と「人」の面である。

2 業務の面とは、要するに仕事を計画し実行し、その成果を収穫する活動であり、人の面とは、部下・上司・同僚・外部などとの信頼関係を保ち、部下に対する動機づけや育成、上司や同僚を説得する活動である。

3 マネジャーは、部下の人生に対する責任がある。成果が定量的につかみやすい業務の面だけに努力が偏らないよう、人の面の活動の重視を要する。

4 いま一つの機能の分け方は、これを「管理」活動と「改革」活動に分けることである。管理とは、日常業務をルールに従って完全に運営し、また部門内の人間関係を正常に保つことであり、改革とは、新たな発想と方法をもって業務や部内の風土、人の性向を変える、つまり体質を変化させることである。

5

改革とは、その発想の根本から方法までを望ましい方向に変えることであり、改善とは、基本発想は変わらないが、方法をよくすることによって品質や効率を向上させるものである。

	管理	改革
業務	業務管理	業務改革
人	人の管理	人の改革

改善の促進はマネジャーの維持活動に属し、これをもって改革を行わない言い訳とすることはできない。

6 マネジャーの機能は、以上二つの区分原理から、業務の面で業務管理と業務改革、人の面で人の管理と人の改革の計四つに分けて把握することができる。

7 業務・人の両面を通じ、マネジャーの進歩成長は、管理不全・正常管理・受動改革および主導改革の四段階に分けて考えることができる。マネジャーは最終的に主導改革段階への到達を目標として努力することが望ましい。

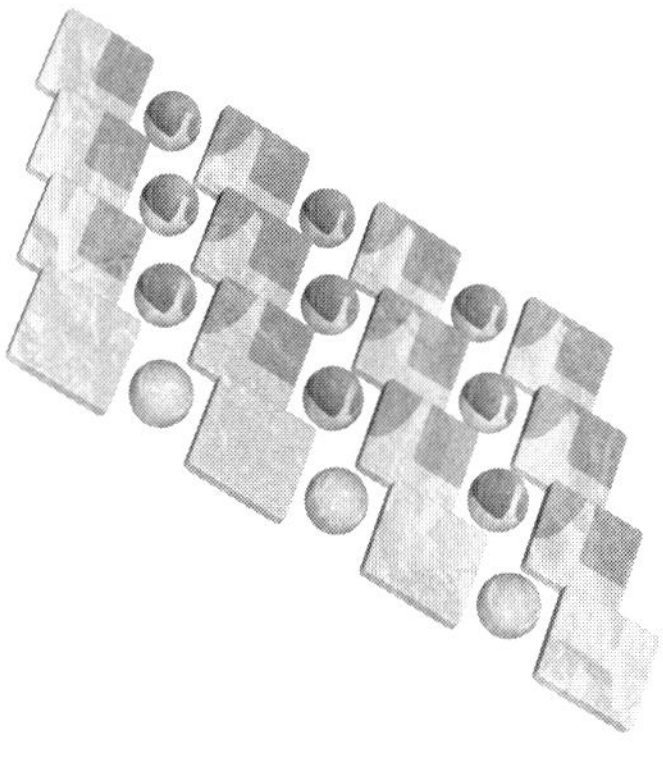

第Ⅱ部

業務の面でやるべきこと

業務の面は、管理と改革の二つに大別される。

そして管理は、担当部門の機能を継続的に維持する活動であり、改革はこれを否定して新たな部門体質を創造する仕事である。

第3章

業務管理

ここでいう業務管理とは、マネジャーの日常業務をミス、トラブル、取りこぼしなく正しく運営し、また業務の改善を促進するなどの活動を含み、年度計画レベル以下の、毎日・毎週、毎月・毎四半期などの活動を指すこととする。

業務管理の中心は、課長層にある。部長層には、課長層の業務管理を指導し、これを完全なものとする責任がある。

1 新たなポストに就任したときの心構え

◇自己再開発の機会

新たなポストにつくときのマネジャーの態度としては、異動を自分の能力開発のためのチャンスとして積極的に受け止め、新ポストをこれにフルに活用する心構えが重要である。

新しいポストでは、未経験の仕事や新しい人間関係に直面するが、未経験の問題に正面から対決し、これを成しとげて新たな自信を得ることによって人間への理解を深め、自分の能力の範囲を広げることができる。

自分の能力を高めることは誰しも望むところではあるが、そのために必要な、かつ刺激的なチャンスはいつでも巡ってくるものではない。新ポストへの就任は、マネジャーの自己開発にとって絶好の機会である。

はじめてマネジャーになるときは張り切って新ポストにつくものだが、いくつかのポストを経るにつれマンネリ化し、とくに経験のある職務に変わるときは、無感動になっていく傾向がある。しかし知っているつもりの仕事でも、内外の環境は相当に変わっており、問題の性質もまた変化しているものだ。〝知っているつもり〟が最もよくない。どんなポストでも全く自分が未経験の仕事につくつもりで、あらゆる先入観を排し、白紙で緊張して臨むことが重要と考えられる。

◇新ポスト三項目

新しいポストにつくときには、次の三項目を整理し、よく考えることをすすめる。

1 自分の任務の解釈
2 予想される障害と留意事項
3 行動手順計画

第一の「自分の任務の解釈」とは、組織全体から、いま自分に期待されていることを推定することである。着任前には部内事情がわからず、そのポストで成すべきすべてのことをつかめているわけではないが、着任前の段階で自分の考えをまとめておく。

第二の「予想される障害と留意事項」とは、何がその任務を達成する上で障害になる可能性があり、どんな態度でそれに臨むべきかを考えることを意味する。ポストによっては、最初の着陸のしかたを踏み違えると、思わぬ点で周囲の不信を買い、そのポストの在任期間中、困難に遭うことがある。

むろん勘ぐりすぎて取り越し苦労をしたり、気に病んだりすることは意味がなく、過度の警戒心も不要だが、注意しなければならない点は考えておいた方がよい。とくに新設のポストや、全体の組織が変わったときは注意を要する。こうしたときには、以前の組織の〝残像〟が残っていて、思うように運ばないことがしばしばである。

第三の「行動手順計画」は、以上の留意事項を考慮しつつ、自分の行動すべきことを整理し、時間経過に従って順序をつけることである。手順の踏み違えであとから困ることは間々あり、とくに異動時は一般に多忙だから、計画的な行動がいる。

以上の三項目は、新ポストにつくときには必ず、改めて一晩考え、自分の頭を整理することが望ましい。新ポストで**ひと仕事を残し**、かつ自分を変化させようというのであれば、準備が大切なのは当然である。

◇――在任目標と内部体制整備

就任時には部門内と社内の関係部署、関係外部について現状把握を行い、その上でほぼ三カ月以内に、自己の在任中の目標と当面の目標を決め、説明するのが一般だろう。調べもせず、予断を持って就任直ちに目標を打ち出すことなどは、避けるべきだ。

在任目標は〝ワンポスト・ひと仕事〟のためのもので、前出三項目を勘案し、ここ数年の間に成しとげるべき目標を決定する。その方法は改革の項に譲るが、新任でホットな印象のうちに決定するのが一般である。これが打ち出しにくいときは当面の目標だけを説明する。

目標設定の次に必要なことは、その目標達成を容易にするため部内の組織や分担、諸手続きを点検し、必要な改善を行って体制を整備することである。いまは仕事の内容変化が激しいため、組織や制度が部分的に不整合を起こしやすく、また人の心も成長し、変化する。これらを考慮し目標達成のために必要な活動が容易となるよう改める。

2 仕事の管理

◇目標による指導

マネジャーは業務を指導するにあたり、目標を設定してこれに全員で挑戦し、その達成の見通しがついたらさらに次の目標に挑むという、「目標による指導」を行うことが望ましい。

マネジャーの業務に対する態度としては、何か問題が出てきたら、それをその都度処理するという「成り行き型」と、あらかじめ今後の状況を研究して〝いつまでに、どこまで〟いくかの目標を定めて挑戦する「目標型」とがある。

前者は安易に過ぎ、環境変化の激しい現代では、うまく状況に対応することができない。目標による指導は、時代の環境に適しているだけでなく、業績の向上や高いモラールの維持、部下の能力向上に寄与するところが大きい。

ライン部門、スタッフ部門を問わずマネジャーは、毎年定期に、過去の実績と長期的目標や構想、部門内部の状況などを勘案し、部下の参加を得て年度の目標を設定する必要がある。目標は、可能な限り定量的に測定することのできる尺度が好ましい。スタッフ部門ではこの点に工夫を要し、困難を理由に、成り行き型の管理となるのは適当ではない。

目標は、到達したい「水準」と、達成の「期限」、この二つの要素から成る。到達したい「水準」は、高きに過ぎて部下が努力を諦めないよう、また低きに過ぎて全員の努力や工夫が不十分とならないように設定する必要がある。目標設定のプロセスは重要で、この過程を全員の動機づけと確信、効果的な打つ手の発見のために、フルに活用しなくてはならない。

年度目標を達成するためにどのような考え方や態度、方法をとるかの方針、計画および予算の質は、マネジャーの能力を示す重要な指標の一つである。これらに新味がなく、工

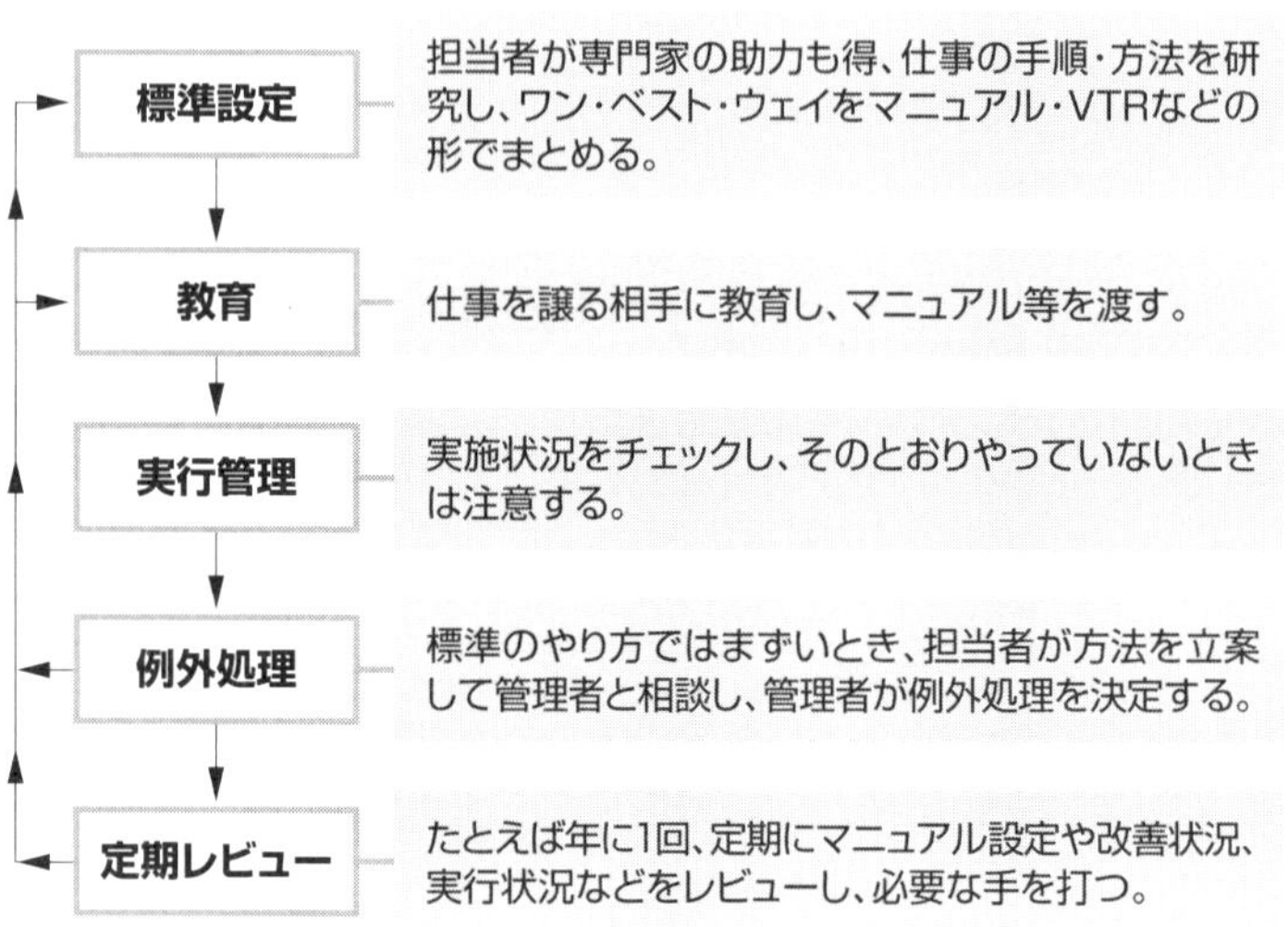

標準設定	担当者が専門家の助力も得、仕事の手順・方法を研究し、ワン・ベスト・ウェイをマニュアル・VTRなどの形でまとめる。
教育	仕事を譲る相手に教育し、マニュアル等を渡す。
実行管理	実施状況をチェックし、そのとおりやっていないときは注意する。
例外処理	標準のやり方ではまずいとき、担当者が方法を立案して管理者と相談し、管理者が例外処理を決定する。
定期レビュー	たとえば年に1回、定期にマニュアル設定や改善状況、実行状況などをレビューし、必要な手を打つ。

夫のあとの見られない作文は論外だし、計画や予算は〝打つ手の成果を含めた妥当な予測値〟である必要がある。結果的に計画と実績が大きく狂うのは、計画能力の不備を示す。

設定された目標のもとに、毎月の実績をチェックし、その都度必要な手を打ち、目標の達成に努める。年度途中で計画の見直しがプラス、マイナスいずれにでも大きくぶれたときは、目標と計画、予算を途中で修正する必要がある。最近は計画能力が十分でも、外部環境の思わぬ激変によって修正の必要を生じることが多い。

目標による指導は、可能な限り部内の個々人にまで展開し、自己管理を推奨する。ただしこの場合、単にその未達を責め〝尻をたたく〟という安易な態度は避け、巧みな助言や陰でのバックアップにより部下を成功させ、高い達成感をつくり出すことが必要である。

◇標準による管理――経常業務

部門内の業務のうち、繰り返し性の高い経常業務については、個々の業務ごとに、望ましい標準と考えられる手順、方法を決定してマニュアル化し、担当する人にこれを教育してそのとおりにやらせ、標準に合わない例外事項は、担当者がマネジャーに申し出、相談して決定する「例外管理方式」をとるのが正しい。

これは、一つひとつの仕事の細部はそれほど重要でないと考える仕事観の逆であって、個々の仕事の手順や方法にはそれぞれ、その時点においてワン・ベスト・ウェイがあるという考え方である。

それを明確にして教えることにより、新人を短期的に一人前にし、先輩はうまく仕事を譲って、より高次の仕事につくことができ、マニュアルを媒体として貴重なノウハウが蓄積でき、人の移動によってノウハウが失われないようにするなど、標準による仕事の管理には多くのプラスがある。

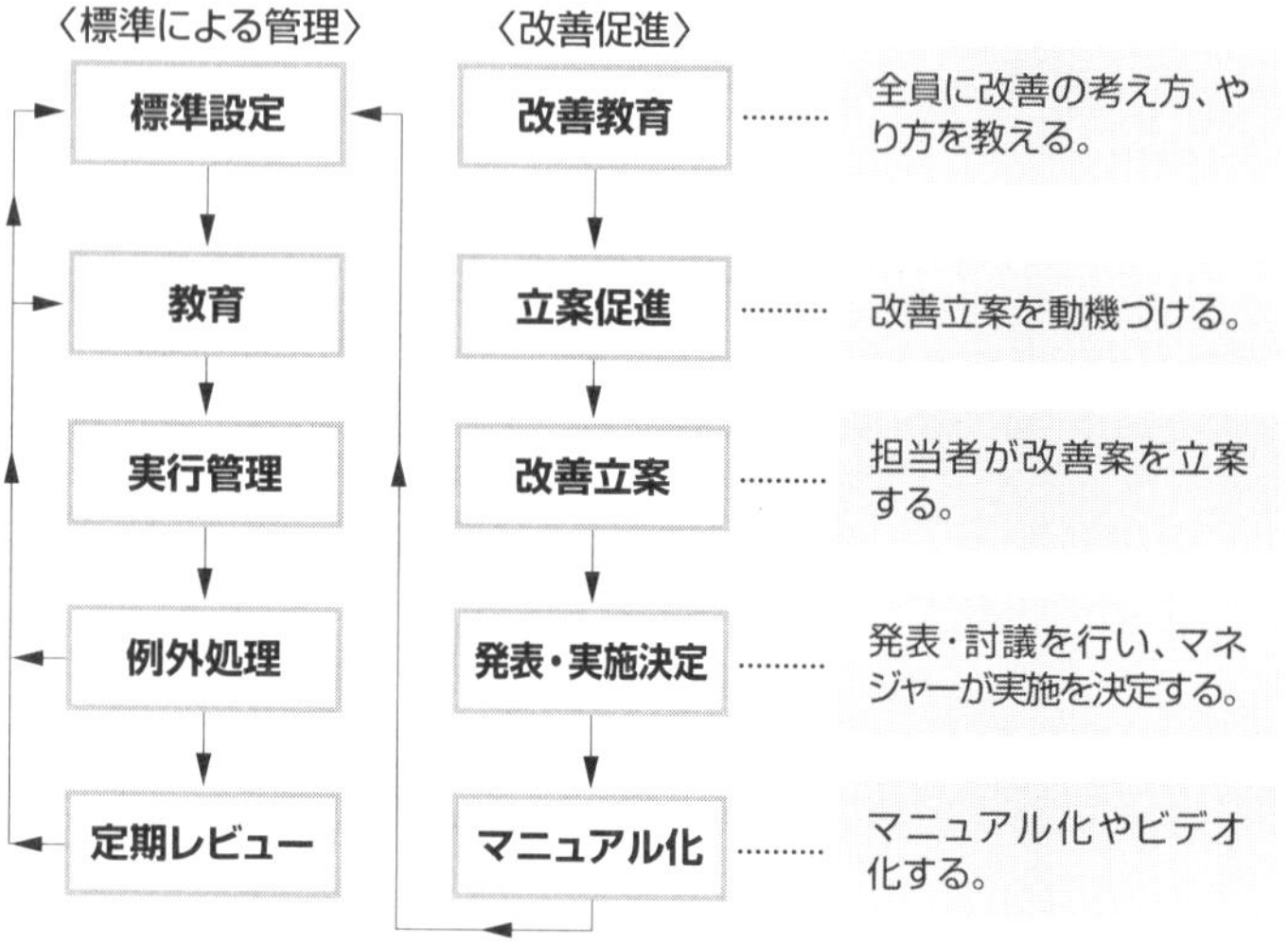

この方式は、能力や価値観、仕事の習慣などが異なる人びとの力を、一つの目的のために合理的に結集させなければならなかった米国の企業で発達し、わが国でもいろいろな形で広く取り入れられてきている。とくに設備によって仕事の品質を統一しにくいサービス産業では、人の早期育成と品質安定のために必須の方式となっているし、その**マニュアルのレベルそのもの**が、企業間の優勝劣敗を決める鍵となりつつある。

仕事というものは、教えられるものではなく先輩から盗むものといった旧式の仕事観は、不合理極まるものだ。これはあるレベル以上の水準に達したあと、はじめて通用することを、新人にはじめから強制しようとする誤った考え方である。わが国には、ことの本質を知らずに標準化を誤解している向きがあり、一般に標準化活動の現状を改めて調べ直し、見直す必要がある。

セブン－イレブン、マクドナルド、ディズニーランドなど、わが国でよく知られた優良サービス企業が、例外なく徹底した仕事の標準化を行っているのは、よく知られている。

マクドナルドでは、最もおいしいと客が感じるパンの厚さは十七ミリ、フライドポテトは調理後七分、ハンバーグは十分たつと廃棄するなどの標準を持つ。これらは長年の研究の結果に基づくもので、マニュアルとは単に現状を文書化したようなものではなく、徹底的に調査研究され尽くした「勝てるマニュアル」でなくてはならない。

◇改善促進

マネジャーが仕事の管理のなかで実行すべき第二の課題は、個々の担当者の仕事の質と効率を、絶えず向上させることである。

このためには改善の重要性を強調し、改善の考え方や手法を全員に教える必要があり、マネジャー自身も先頭に立って、ときどきその模範を示す。全社レベルでの小集団活動や提案制度があるときは、これを推進するスタッフをフルに活用し、部下の人びとの改善の腕を上げさせていく。**改善は永遠にして無限**であり、これ以上は改善の余地がないと思うものも、その暗黙の前提となっている要素を取り払えば、必ず活路は発見できるものである。

マネジャーは部下からの改善提案を直接に熱心に検討して指導し、適切なものは必ずマニュアル化、またはマニュアルを改訂し、責任者を定めて教育し、実施開始日を決めて実行させる必要がある。改善提案は出るが実行されず、単に発表の件数を競うような状態では意味がない。

◇計画による管理――非経常業務

標準による管理は、繰り返し性の高い経常業務を対象として行うのに対し、繰り返し性の低い非経常業務に対しては、「計画による管理」を行う必要がある。

これは研究、開発、設計、企画、調査など、個別性の高いプロジェクト型の活動が典型的な対象だが、ほとんどが経常業務と思われる部門でも、必ずその一部に非経常業務が存在する。

プロジェクト業務の基本は、プラン（計画）―ドゥ（実施）―チェック（確認）―アクション（行動）のマネジメント・サイクルによって行われる。

目標として実現したい状態をつくり出すために計画を立て、実施をし、その結果をチェックして必要な行動を起こす。その結果をさらに次の計画に反映させることが大切なことはよく知られているが、これが部門全体としても個々人のペースでもよく徹底し、ほとんど条件反射的に自動的に行われる状態をつくり出すことは、必ずしも容易ではない。

計画が必要なときに衝動的に行動したり、計画は紙上のもので実行が勝手に行われたり、決めたことが行われなかったり、結果の確認をしなかったり、チェックして問題だということがわかっているのに適切な対策がとられないままになっていることは、よく見受けられる。とくに重要なのはプロジェクト業務における「計画」で、そのプロジェクトの成否は、ここで決まってしまう。

マネジャーはこのサイクルを自分の行動でまず模範を示し、ここに必要な注意を与え、うまくいっているものをほめることによって、全員が自主的にこれをやる習慣を定着させる必要がある。

◇——決裁

ここでいう決裁とは、業務上の日常的決定活動を指し、伝票や稟議書などの押印によるもののほか、部下などへの口頭指示や、小人数による打ち合わせでの決定などを指す。

書類の決裁については、まず未決のものをためないこと。決定しなくてはならない人が決定を遅らせていると、必ず誰かが困り、仕事の遅滞だけでなく不信感までを生む。

決裁の原則は、即決である。ただしこれはすべての要件に直ちにイエス、ノーを明確にすることではない。「保留」も決裁の結果の一つである。

保留事項は、これを最小限に止めるが、人事や人間関係に関すること、その決定によっ

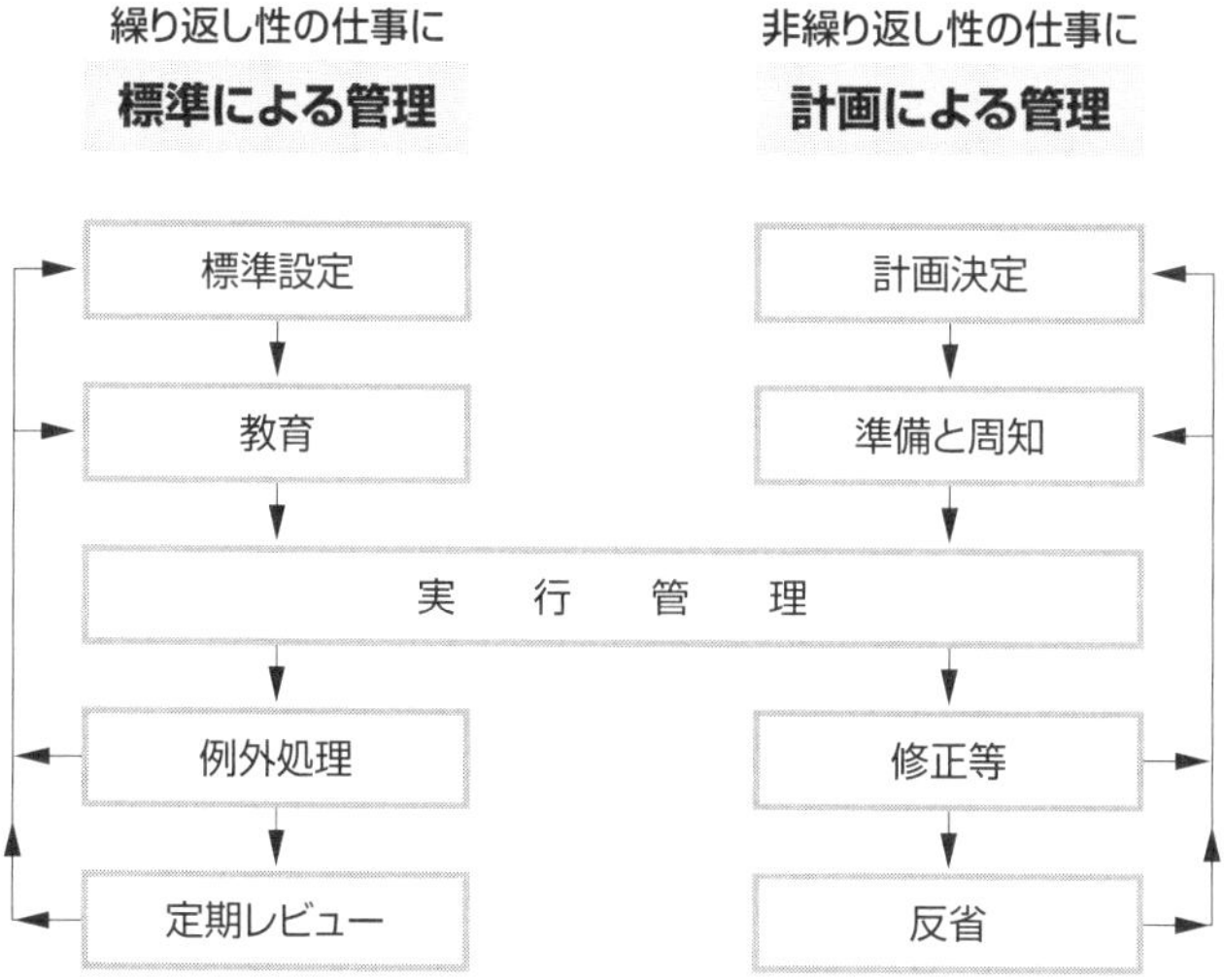

てあとに影響が残ることについては即決を避け、十分検討の上、決定する必要がある。人に関することは、一度決定するとそれが適当でなかったとき回復が困難となりやすく、悪影響があとまで残る可能性が強い。

回復可能な決定については、むしろスピードを重んじる方が適当である。ただしその結果、部下の方から上司を見たとき、一度決めたことの事後変更が多すぎると感じられることのない範囲に止めねばならないのは当然である。

決裁においては、内容をよく見ずに判を押すことはよくない。書類の量はますます増える傾向が強く、ときに機械的に承認しすぎて後悔することがある。決裁は早いが、重要なものは決して見逃さない。これが決裁における、マネジャーのあるべき姿である。

このような熟練は、繰り返し多量の決裁をすることによって得られるもので、ここに一定の方策があるわけではないが、いずれにせよ内容をよく見ずに判を押すことによる手痛い失敗は、決裁能力を高める上で必要悪といえよう。

こと決裁に限らず、マネジャーの仕事を処理する速度と正確性には、相当な個人差があり、これがマネジャーとしての生産性を決定している。この能力はおもに、若いとき非常に多くの仕事をこなさざるを得なかった人が秀でているようであり、この点で若手マネジャーは、意識的に多量の業務に挑む必要があるといえよう。

3 コミュニケーション

◇全体情報の徹底

部門の内外での情報連絡がいき届き、コミュニケーションのよい状態をつくることは、業務管理の上で最も基礎的なことである。

会社全体や関係する他部門の情報を、内部によく徹底させておくことの必要性はいうまでもない。幹部会議などで示された全体の情報を部下に伝えるには、定例の部内会議を持ち、個々の情報を正確かつ丁寧に伝えるだけでなく、その**意味や背景**を、どれだけ簡明に説明できるかが重大なポイントである。

伝えた相手が、さらにその部下に伝える方式になっているときは、実際にどのように伝わっているかをときにチェックし、必要な指導を行う。欠席者や不在者に正確に伝わるための配慮は重要であり、口頭伝達以外に、別に回覧制度などをもって補完する必要のあることも多い。

◇指示・実行・報告サイクル

部下に依頼した事項の報告は、マネジャーが**催促する前に必ず部下から自発的に報告**され、こちらから催促することが一切ない、という状態をつくるよう、部下全員をしつける。

仕事の原型の一つは、誰かが誰かに仕事を指示し、指示を受けた人がそれを実行するというタイプのものであるが、ここで大切なことは、指示を受けた人は、それを実行しただけでは、その仕事はまだ終わっていない。その実行の結果を、指示した人に報告することによって仕事のサイクルは完結する。

この面から見ると、マネジャーが頼んだ相手に報告を催促しているというのは問題で、この種の職場には必ずミスが多いものだ。報告を受けたときマネジャーはそれを確認し、関連して成すべきことがないかどうかをチェックする。この一瞬の働きがミスを防ぐ。

指示されたことは、**実行したら必ず催促される前に報告**すること。これは大事な組織内の基本動作で、新人時代に全員卒業させておかねばならない項目の一つである。

この点で自分の担当部門内の状況が不十分なときは、まず報告は先手ですべきもので、催促されたら負けであることを全員に話す。それでも催促せざるを得ない人が出てきたら、その人に個別に催促し、報告を聞いたのち注意を与える。そして事前に報告するようになるまで、その都度冷静に注意を繰り返していく。

マネジャーが部下から何かを頼まれ、それを部下から催促されるようなことは、むろんあってはならない。マネジャーは、部下に模範を示す人である。

◇悪い報告のスピードアップ

部下からの報告には、以上のような実行報告のほかに、部下の得た情報の報告もある。一般的にいえば、部下からの情報報告では「よいこと」についてはほとんど心配がない。目標を突破した、問題を解決した、成功した。このような報告は直ちに来る。

問題は「悪い報告」である。事故が起きた、トラブルが起こった、大きなクレームが出た、お客様が怒っている、失敗した。――この種の報告は、放っておくと自然に遅れる傾向を持つ。当事者である部下の立場でいえば、それを隠したい心理もあるし、自分で解決をはかり、解決してから報告する方がいいという気にもなりやすい。

ところが皮肉なことに、よい報告には緊急の行動は必要ないが、悪い報告には直ちに手を打たねばならないことが多い。部下がいろいろやっているうちに火が横に広がり、大きな問題になることもある。処置が遅れると相手から〝誠意がない〟と決めつけられ、解決が困難になることも少なくない。

したがって**悪い報告ほど、直ちに報告**してもらわねばならないものであり、このことは部下にあらかじめきちんと教えておく必要がある。マネジャーが大きな問題を起こした例には、部下の報告の遅れが多いことを銘記し、日常これを徹底させておきたい。

◇断絶を防ぐ

マネジャーが短気だったり、気まぐれだったり、感情が出やすかったりすると、必ずコミュニケーションの断絶現象が生じる。部下はマネジャーの機嫌をうかがいはじめ、報告する前に近くの人に様子を聞き、天気模様が悪ければ叱られそうな話題は延ばし、同じことても楽観的な表現を多く用い、荒れ模様のときは報告にも来ない。かくてマネジャーは情報を欠き、判断を誤る。

よい報告なら喜び、悪い報告なら嫌な顔をするという単純さでは、マネジャーは務まらない。これでは部下の方から見ると、自分はよい報告ばかり聞きたい、悪い報告は聞きたくないといっているのと同じである。

マネジャーが多忙に見えることも危険である。部下は遠慮をし、ためにタイムリーな報告が得られなかったり、よいアイデアが消えてしまったりする。いかに忙しくとも、忙しそうに見えないよう言動に注意をすること。多忙でもないのに忙しげに振る舞うのは、むろん論外である。

報告がなく様子がつかめないときは、遠慮なくこちらから部下の方へ入っていき、様子を聞き必要な援助をし、時間をつくって部下と話をする機会を多くする。接触が多ければ部下とのコミュニケーションはよくなるし、向こうからも積極的に言う。こちらから部下のなかに入っていく姿勢が大切である。

部下と共同で難問に立ち向かい、これを解決するプロセスで同志感が生まれ、何でも遠慮なく言える間柄になる。お茶を飲む。一杯やる。一緒に遊ぶ。仕事以外での接触面が、よいコミュニケーションをつくる。相手への押しつけにならない範囲でスマートに、しかも親密になっていく努力が、コミュニケーションの断絶を防ぐ。

セルフ・チェック

あなたの場合、部下は〝天気予報〟を必要としているでしょうか。

- ❏ 天気予報が必要そうなマネジャーに見えていると思う。
- ❏ そうは思いたくないが、気をつけねばならない。
- ❏ 部下はいつでも、どんな問題でもすぐ報告に来る。

◇――連絡速度

コミュニケーションに関するいま一つの問題は、内部の横の連絡速度に関することである。

必要なことが、必要なところに、適時に正しく伝わる組織と、伝達速度が遅く外部から は馬鹿にされ、内部的には部門間でトラブルを起こしてばかりいるところとがある。一般的にいえば、急速に規模が拡大した組織には、とかくごたごた型が多い。それは規模の小さいときには、とくに心がけずとも他部門の動静がわかるので連絡の重要さに気がついていないが、規模が大きくなってくると、断絶が表面化してくる。そして、皆の生活態度が変わらねばならないのに、それがわからずに腹を立て合う。

連絡は、決して〝雑務〟ではなく、組織のなかで働く人にとって最も大事な仕事である。人に会って話を聞く、会議で伝えるべきことを知る、外部からの情報を受け取る。その他あらゆる意味で、他人に伝えるべき情報を受け取った途端に「これは誰と誰に伝えるべきか」が頭にひらめき、即座に、こまめに、必要な連絡先の全部に伝えてしまう生活習慣を身につけていなくてはならない。

ある耐久消費財の製造会社は、それまで同じ部品を分割して複数の部品メーカーに発注していたのを、これを最も信用のおける部品メーカー一社に集中発注してコストを下げさせようと考えた。従来の納入実績や不良率、納期などに関するデータが集められ、比較表がつくられるのと並行して、専務の命令で次のようなテストを資材部が行った。

それはまず資材部から仕入先の部品メーカーの一社一社の営業部に対し、「納入してもら

っているあの部品について設計変更を検討したい。ついてはおたくの技術部と打ち合わせしたいのでよろしく」という電話をする。先方は承知して電話が切れる。

この電話の一時間後に、資材部は再びその同じ会社の技術部に電話する。これがハッキリ言わず、〝あの部品の件なんだが〟と漠然と言う。これに対する返事で相手を選別した。どういうことでしょうかという返事の会社は、これは不合格の会社と考え、原則として切る。実際には、A、B、Cの三ランクに評価した。先方の社内で伝わっていなかったのはC級である。

こちらから電話をする前に、向こうの技術部から電話がかかってきて、こちらの都合を聞いてきたのはA級。これは原則として残し、集中生産の相手方と考える。先にかかってこなかったが、電話を一時間後にしたら知っていたのはB級。この組は、ほかのデータを検討して合格か切るかを決めるというものだった。

ちなみにこの業界では、営業部門は東京、大阪、名古屋といった大都市にあり、技術部門は工場についているので、場所的には離れている。

問題は、マネジャー自身が連絡について完全であるだけでなく、部門内の全員がそうであるかどうかである。

マネジャーが、連絡がこまめであり、即座に全部手配を終わってしまう態度だと、その癖が部下に感染する。こまめに連絡の矢が飛んできて、自分たちも連動して機敏に動くことを繰り返さざるを得なくなるからだ。こうした生活環境にあれば、嫌でも手回しよく、大事をとって機敏に連絡し合う習慣が定着する。

◇――連絡内容

連絡は単に迅速であるだけでなく、その内容が正確であり、誤解の余地がなく、簡にして要を得ていなくてはならない。

とくに注意すべきことは、言い方、伝え方に微妙な注意を必要とする事項についてである。人事や給与、労使関係などに関することで、言い方次第によっては皆がとんでもない誤解をし、トラブルの種となることがある。

また組織全体に関係することで、最終案はまだ決まっていないが、早く決めないと部下の方で準備の都合がある場合。こうしたとき大体の見当で話をしすぎて準備が進行すると、あとで変更があったときに混乱することもある。

状況は一般的には、できるだけ詳しく部下に伝えておくことが必要で、その方が部下も自主的に判断でき、積極的に行動しやすい。しかし、その表現や伝える程度は、事前によく考え、こう言えばどう受け取られるかを十分検討し、慎重にやる必要がある。

人には、希望衝動とでもいうべきものがあり、こうあってほしいと思っていると、ニュアンスが違っていても、それをよく聞かず、自分の思っている方向へ進んでいるように解釈したがる傾向がある。したがって一般的には、マネジャーは迎合的ニュアンスで表現することは禁物であり、ダメならダメと、はっきり言う。

4 仕事の環境づくり

業務管理の次の問題は、部下の人びとが、その能力を完全に発揮できるように、働きやすい仕事の環境をつくることである。

これにはまず、マネジャーと部下がいかに分業するかが問題となる。まず部下との分業をどうするかを考え、ついで環境づくりについて述べる。

◇——部下との分業

マネジャーと部下とは同じ目的を持って仕事をし、互いに協力して仕事を達成しようとする仲間である。マネジャーにはマネジャーの役割があり、部下には部下の役割がある。この分業が適切に行われているとき、成果は最大となり、部下も育つ。そもそもマネジャ

横の分業と縦の分業

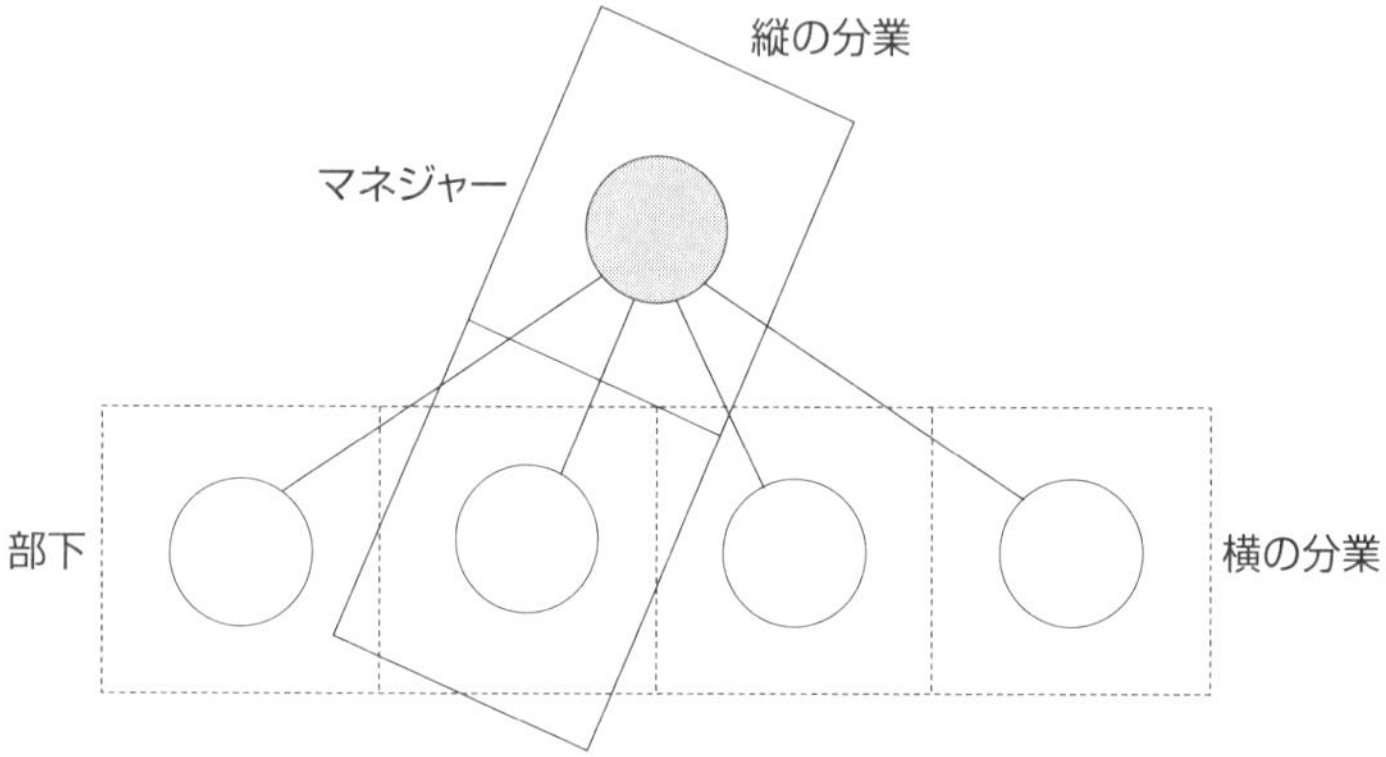

ーが人間として部下より偉いわけではなく、単に役割を分業しているのにすぎない。

人間の能力というものは一様ではなく、ある部分は優れていてもある部分は弱いという、いびつな能力構造を常に持つ。したがって部下との分業の原則の第一は、相手の能力に応じ、相手ごとに分業の範囲を変えることである。マネジャーと部下との間の分業は、画一的な規定やルールがあるのではなく、相手にできない部分があれば、それを補完するため多少小さなことでもやらねばならないときもあるし、逆に十分任せられる相手なら、その年齢や資格にかかわらず全部任せて様子だけ見ているのでもよい。

部下ができないのに助けなかったためにう

まくいかなければ、マネジャー自身の責任も果たせないし、部下も不信感を抱く。相手が自力でできることにマネジャーが立ち入れば、時間が無駄なだけでなく、部下も仕事がやりにくくなってしまう。

部下がマネジャーに対して不信感を持つ典型的なケースの一つは、自分たちに任せてくればいいことにあれこれ口を出し、肝心なことは、さっぱり決めてくれないと感じるときである。事実がどうであれ、部下が主観的な意味でこのように感じれば、やる気はなくなっていく。

このケースには、マネジャーが気づいていないためにこうなっている場合と、上や横を説得する能力が足りないため結果的にマネジャーのエネルギーが部下の仕事に向けられ、干渉が多くなりすぎる場合とがある。内弁慶のマネジャーは、不信感を持たれやすいので注意を要する。

セルフ・チェック

あなたと部下の分業について、

- ❑ うまく分業しており、ここに書いてあるような意味で不信を買うことはない。
- ❑ 部下ができることに干渉し、部下にできないことを放置している傾向がある。
- ❑ どちらか、よくわからない。

◇背伸びの余地

マネジャーは要するに、部下にできないことは、自分が処理せねばならないが、この「部下にはできないこと」には、二種類がある。その一つは、マネジャーという役割を持っている人でないとできないことであって、たとえばマネジャーの上司を説得することとか、横に他部門のマネジャーの協力をとりつけるなどの働きはこの例である。

部下にはできないことのもう一つは、能力的な意味で部下よりマネジャーがまさっており、部下にはできないがマネジャーが出てくれれば片づく種類のことである。

ここに片づけなければならない一つの仕事があるとする。これをマネジャーが直接自分

部下の能力とマネジャーの援助

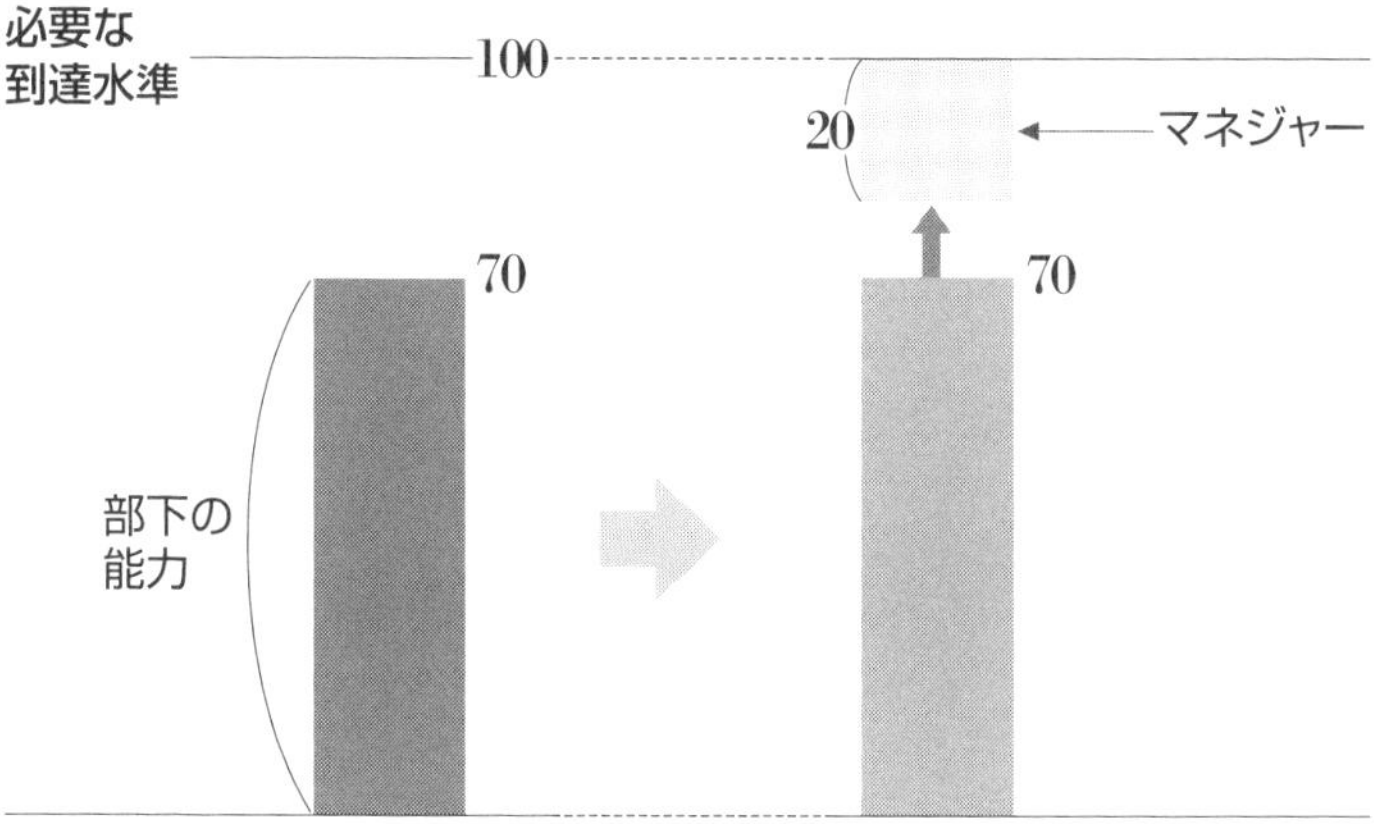

でやれば百点をとれるが、部下にやらせるとしたら七十点くらいしかとれないとしよう。

この場合は部下にやらせ、足りない三十の部分をマネジャーがバックアップして補うのが正しい。部下よりも自分の方がうまくできることは、すべて自分が片づけるというのでは、マネジャーの身体はもたない。

また部下は、能力以上の仕事を担当することによって、はじめて能力が上がる。正確にいえば、百に対し現在七十の力しかない人には、足りない三十をまるまる補塡《ほてん》するのではなく、たとえば二十くらいのところまでしか手伝わない方がよい。つまり部下が成功するためのギリギリの範囲までしか手伝わないこと。

これによって部下は背伸びせざるを得なくなり、この間の努力や工夫によって、本人の能力が伸びる。背伸びしているうちに、本人の身長は自然に伸びていき、次に同様なことが起こったときには、簡単に手が届くようになる。練達したマネジャーはその経験によって、部下との間合いを正確にとり、自然に部下を成長させる。

いま一つのマネジャーが直接手を下すべき仕事は、「誰がやっても嫌なこと」である。これはマネジャーが全部かぶるのが原則である。

事故の処理をせねばならない、クレームやトラブルなど外部的なことで謝って歩く、緊急事態を収拾するなど、誰がやっても嫌なことはさまざまであるが、その仕事の性質から当然部下が担当すべきことでも、原則としてはマネジャーがそれをかぶった方がよい。

わが国の働く人びとには、上司に対する潜在的被害者意識がある。これはその組織の性格にかかわらず共通で、酒を呑んでは上役の棚卸しをする光景は随所に見受けられる。これは属する組織を愛する心のあらわれともいえるが、こうした背景のなかでは、誰がやっても嫌なことを部下にやらせるのは、不信感を買いやすいといえよう。

◇環境づくりの活動

ここでいう環境づくりとは、部下の持つ潜在能力を完全に発揮させるため、

1 働く障害となるものを排除して働きやすくし

2 また部下を応援し、能力を補完して成功させる活動

を指す。

環境づくりの活動の目的は、部下の持つ潜在能力を完全に発揮させることにある。

人間の能力は顕在能力と潜在能力に分けて考えることができる。顕在能力とは、その能力がすでに発揮され、周囲がこれを認め、本人もそれを自覚している能力であり、潜在能力とは未だそれを発揮したことがなく、周囲も本人もそれを知らないが、その場を与えられるならば、それを顕在化できる能力を指す。

人間の能力は、極地の海に浮かぶ氷山にたとえることができる。氷山で海面上に出ているのが顕在能力の部分、海面下にあって見えないのが潜在能力の部分である。普通、海面下の部分は、海面上に出ている部分よりもはるかに大きい。

能力の顕在化は、あることを経験し、それを成しとげることによって自信がつき、他も

それを認めるプロセスを通じて進行する。新人として組織に入った時点では「氷山」は水面に没し顕在部分はないが、経験をし自信がつくことを繰り返すことによって徐々に顕在能力は拡大していく。

このプロセスでは、円滑に経験をすることを妨げる要因がいろいろと働く。働きにくい環境にあれば能力は発揮されないし、また能力以上の負荷を負ったとき応援がなければ失敗し、自信を失ってしまう。自信を失えば新しい能力として追加されない。

部下を働きやすくし、またバックアップすることは、潜在能力を完全に発揮させ、これによって仕事の成果を高め、本人の能力向上を図るために行うことを目的とする。部下の仕事をカバーしバックアップすることはマネジャーの業務管理における重要な職務であって、これに失敗すると部下のやる気を失わせ、不信感が生まれる。

M部長は、人を張り切らせるのが上手な人であった。長く営業部門でセールス部隊を指揮していたという経歴にも関係があったらしい。

かれが本社のその部門に移ってきた途端、部内は非常に活気づいてきた。かれの新しい仕事は順調に進んでいるかに見えた。

ある日かれは、部下の一人の課長と話し込んだ。それは若干社内調整を要するが、野心的なプランでやりがいある仕事といえた。課長はさっそく準備にかかり、調査を進め計画を練って部長とも相談し、この問題に関連する他部門との調整に活発に動きはじめた。状況はおおむね順調で、まず実現間違いなしとみた課長は、部の内外に手配をし準備を進めていった。ところが、担当常務と部長、その課長、それと関連他部門幹部との打ち合わせの小会合で事実上の決定が行われる当日、急用で部長が出かけねばならないことになった。部長は心もとなさそうな顔をする課長を力づけ、急きょ日帰りの出張に出た。

しかし、当日の打ち合わせでは課長は大いに弁じたが、結果は否定的で、大勢《たいせい》はいかんともしがたい雰囲気で終わった。常務は翌日から長期出張ということで、事実上一カ月以上あとでないと本決まりにはならないということになった。

課長は、すでに手配したり頼んでしまったりしたこともあり、窮地に立った。タイミングの関係で、そうなったら全部やり直すしかなく、社内にも社外にも面目を失する結果になる。帰ってきた部長といろいろ相談したが方法がなく、課長はさらし者になって評判を落とした。事態収拾に当たったたが、部長はそのときも忙しく、それを課長に任せた形になってしまった。部長に対する部下の見方はすっかり変わり、部内はいっぺんにしぼんでしまった。

◇障害を取り除く

マネジャーが環境づくりの活動をせねばならないケースがいくつかある。

その第一は、部下の仕事をやる条件が不十分で働きにくいとき、この障害を排除することである。工場などで、一般の許容限度を超えて騒音がある、高温に過ぎる、照明が暗いなど、作業条件が悪いために疲労がひどく、苦情あるいは不満があること。事務所などでも同様のことがある。セールス部門などでは必要な装備などが不足していて働きにくいなどがこれにあたる。

むろんこれらには程度があり、世間的な常識の程度を超えてそれが必要というわけではない。働きやすくすることは望ましいが、コストの面でも制約がある。しかしこれらについて不満がありそうかどうかは常に注意をし、必要な手は先手先手と打っていく必要がある。

マネジャーは、まず自分の部下が働く環境に細心の注意を払い、苦情が出てくる前に必要な措置を講じることが原則で、仕事の条件についての苦情はないことが標準である。

そしてもし苦情が出てきたときには、その一つひとつに敏速に対処してそれを解決するか、それができないときはその理由を説明するかのいずれかで納得を得る必要がある。

環境づくりを必要とする第二の分野は、他部門に起因する仕事の障害を取り除くことである。

たとえば製造部門において、別の部門に属する前の処理が悪く、そのため自工程で働く人びとが苦労していたら、これは前工程を担当するマネジャーに交渉し、その状態を直してもらい、自工程の仕事をやりやすくする必要がある。

事務部門などでも同様のことは多い。経理部門や情報処理部門のマネジャーは、各部門からの伝票の送達が遅れ、それが自部門内の業務処理を混乱させているのならば、関係の部門に働きかけ、この状態の原因をなくさなければならない。情報や連絡に関することでも同様のことがよく起こる。他部門からの連絡が悪いために担当者が迷惑をしているのなら、交渉してそれを正常な状態にする。

ある部下が仕事を進めるとき、その仕事に関連してくる他部門が違う意向を持っているため、それ以上仕事を進めることができないなら、マネジャーが相手の幹部と話し合って了解をとりつけ、部下が自由に仕事をすすめられるようにするのが役目である。

このようなケースでは、マネジャー自身の説得力が問題となる。他部門の同僚はマネジャーとしては仲間うちであるが、同時に責任者としてそれぞれに考えを持ち、自分の部門の利害も考えざるを得ない。したがってこの種の〝他部門交渉〟は、自分の担当部門だけのエゴでは困るし、その行動が会社のプラスになると考えられるものでなければならないのは当然である。

セルフ・チェック

あなたは、他の部門に対して交渉をするとき、

❑ なかなか思うようにいかないで苦労している。
❑ まずたいていのことは、こちらの思うようになる。
❑ 問題によりけり。比較的簡単なことは問題ないが、むかしからの難しい問題は解決できない。

◇――内部の障害

マネジャーが排除せねばならない部下の仕事の障害は、部門内部にも存在することが多い。

ある部下に命じた仕事が、その人ひとりではできず、まわりの協力を必要とするが、本人がうまく協力を取りつけられないようなときは、関係者を集め、本人に命じた仕事の重要性を話し、協力することをみんなに要請するなどは、この例である。

必要なことなのに、特定の先輩に遠慮してなかなかできないようなこともある。パートナーとして組ませた相手とシックリいかず、そのうちに仕事に嫌気をさすこともある。その部下の上にいる係長や班長、作業長やグループリーダーなどが当然うまく応援してやるべきなのに、自分の仕事にかまけ、よく面倒をみていないこともある。

部門の内部で前後工程になる仕事で、さきに述べたのと同じようなことが起こり、後工程の人が困るということもある。中間にいる係長などの指示が悪く、そのためにうまくいかずに困る人がいることもしばしばである。

部門内部の関係改善は、マネジャー自身の正常なリーダーシップがあれば順調にいくはずのものである。事情はうすうす知りながら、困っている部下に目をつぶり、知らぬ顔をするのはよくない。自分に対する信頼感をなくすことがどれほど恐ろしいかを知るべきである。

◇能力不足

ここでいう能力不足とは、部下がいま持っている能力に比べて仕事がそれ以上に難しく、その意味で部下の能力が不足している状態をいう。

たとえば部下のセールス担当者が相手を説得できないとき、マネジャーが応援して話をつけたり、部下のやっている外部の交渉事などについても自分が応援したりする。

仕事を任されたはよいが、どのように進めていったらよいか部下がわからずに困っているのに対し、相談に乗って考え方を整理してやったり、ヒントを与えたりするのもこれである。仕事の進行途上で部下の仕事が暗礁に乗り上げ、停滞して活路が見つからないときも同様に応援する。

数え上げればキリがないが、部下の能力が不十分なためうまくいかないのを、後押ししたり、前から引っ張ったり、迷路に迷い込んだ部下に出口を教えたりするのがこのケースである。

部下には、誰ひとりとして完璧な人はいない。自分もまた同じである。したがって仕事と部下を組み合わせたとき、部下の力だけですべてを克服できないケースはしばしば起こる。部下の能力を補塡して仕事を完成させることは、マネジャーの任務である。

セルフ・チェック

あなたは部下の能力不足をカバーしきれずに失敗したことが、

- ❑ 実はある。
- ❑ いままではない。
- ❑ 思いつかないが、考えてみるとあったかもしれない。

ある部下に仕事を任せる場合、〝かれがこれをやるとしたら、いったい先で何が起きるか〟を見通すということは大事なことである。かれは、はやり立ち猛進して失敗するかもしれない。例によって腰が重く、放っておいたらいつまでたっても動かないかもしれない。

他部門との折衝で、かれの力ではいかんともしがたく立往生するかもしれない。

いろいろなことが考えられようが、仕事の上でいままでつき合ってきた間柄なら、予想がつかねばならない。〝部下を読む〟ことはマネジャーの表芸の一つである。とくに大事なのは、どこに挫折しそうな危険があるか、どこで障害にぶつかるだろうかという読みであろう。

マネジャーは常に部下の全員の仕事の進行状況に目を配り、誰か困っている人はいないかを、よく注意していなければならない。自分の仕事ばかりに気をとられ、そのために部下をよく見ていないのは困る。プレイング・マネジャーは、とくに要注意である。

応援と依存心

部下が積極的に仕事に取り組むのは、困ったときに見殺しにはされず、必ずマネジャーが出てきて解決してくれる保証があるからだ。前述のM部長のように、「任せすぎの応援下手」はいけない。

この全く逆が、先のことは一切描いて見せずに細かく指図して、部下の判断の余地をなくしてしまう人である。不満がくすぶり、疑問が生まれ、最後に部下は、上司が自分を信頼していないのだという結論に達する。

この二つのタイプは極端な例ではあるが、しかしマネジャーは、いずれかのサイドに偏って、**任せすぎの応援下手か、しばりすぎの任せ下手かになる危険**がある。自分について考え、一方に偏っていると見たら意識的に逆方向へ振って、バランスを回復する必要がある。

セルフ・チェック

- ❏ 自分は、部下の仕事が心配になり、干渉しすぎて過剰応援になる傾向がある。
- ❏ それほどではないが、部下個々人についての応援バックアップの深度は再点検を要する。
- ❏ 相手により、このへんの調節は自由自在である。

業務管理については以上のほか、緊急事態への対応やトラブル処理など、いろいろなものがある。いずれにせよ日常業務をきちんと管理し、誤りない運営をすることの重要さは、経営の環境が厳しくなるにつれ、ますます高まってきているといえよう。

要約

1 マネジャーは、新たなポストへの就任を、自己再開発の好機として捉える必要があり、事前に三項目を準備し、ホットなうちに成すべきことを漏れなく実行する。

2 マネジャーは、目標による指導に慣熟する必要がある。

3 繰り返し性の高い業務には「標準による管理」を行う。個々の業務を研究してベスト・ウェイをマニュアルなどの形で定め、それを教育して実施させ、例外事項は相談して処理する方式が必要であり、また部内の自主的な改善活動を促進し、その結果を標準による管理に連結する必要がある。

4 プロジェクト業務など、非繰り返し性の仕事については、「計画による管理」を行う。事前に計画と準備を完全にし、実行し、その結果をチェックしてアクションをとる習慣を部門内に定着させる必要がある。

5 マネジャーは各種の決裁をすばやく行って、関係者の仕事の障害とならないよう留意するとともに、内容をよく見ずに判を押すことのないよう留意する。人に関すること、将来を規制するようなことに対しては、慎重な検討が必要である。

6 業務管理には、コミュニケーションの高度化が必要である。指示したことには先手で実行報告が行われ、悪い報告ほど早く行われ、マネジャーとの間に情報の断絶現象が起きないよう、不断の注意を必要とする。また即座にその都度行われるすばやい連絡のしつけが重要である。

7 マネジャーは、部下の潜在能力をフルに発揮させるため、部下と適切に分業し、常に部下に〝背伸びの余地〟を残すとともに、働きにくい要素の排除、能力不足の場合のバックアップなど、依存心を起こさせない範囲で環境づくりの活動を行う必要がある。

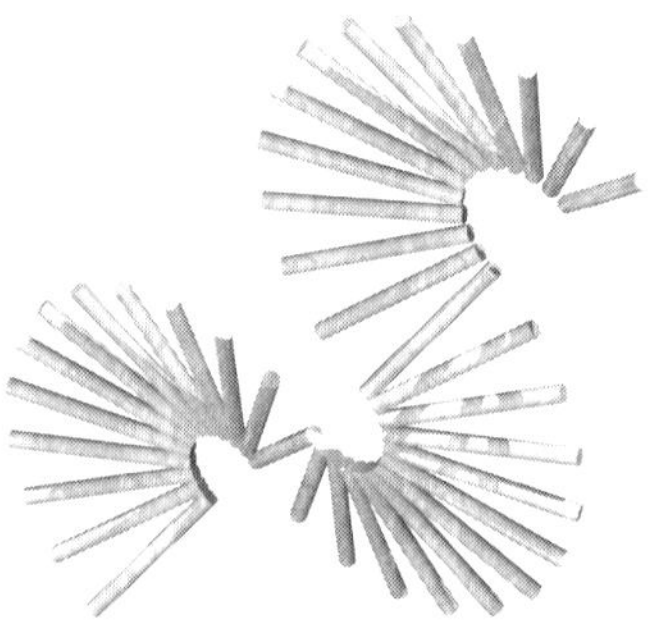

第4章

業務改革

1 業務改革の意義と性格

業務改革の意義

担当業務を新たな発想と方法によって革新し、より高い仕事の質と生産性の高い新体質を創造することを、業務改革と呼ぶ。

業務改革は、業務管理に対置されるマネジャーの働きであって、業務管理が一定のルールによる正確な運営を意味するのに対し、業務改革はそのルール自体を破壊し、新たな体質を創ることを意味する。マネジャーは組織における業務改革活動の中核であって、「ワンポスト・ひと仕事」を実現する。それは、改革を成しとげることを意味し、新ポスト就任時には必ずこれを在任目標として打ち出して実施するほか、在任中に機をとらえ、これを行う。

業務改革は特別なものでなく、従来から、あらゆる組織の内部で行われてきた。改革すべき対象は、サービスの質やコストをはじめとし、これを生み出す内部の思想風土、人、組織、システムや方法などのすべてにわたる。

新技術開発、新製品新事業開発、新設備機器の導入による革新、部門活動方式の変革、経営計画、総務・経理・人事・生産・販売・技術・研究・システムなど各部門の内部制度改革、広報・購買・販売などの外部改革、経営技術導入による革新、諸ミックス・シェアの革新など、業務改革の形態は多岐にわたる。企業における新販売方式への切り換えや人事給与制度の改革、新生産方式、新資金調達活動などもすべてこれであり、官公庁での新施策構想やその施行、行政サービスの新設、病院での新医療システムの導入などもこの範ちゅうに入る。

業務改革をなぜしなければならないか

マネジャーが業務改革をしなければならない理由は、二つある。

その第一は、外部環境の変化である。組織のサービス対象である顧客や住民、患者など

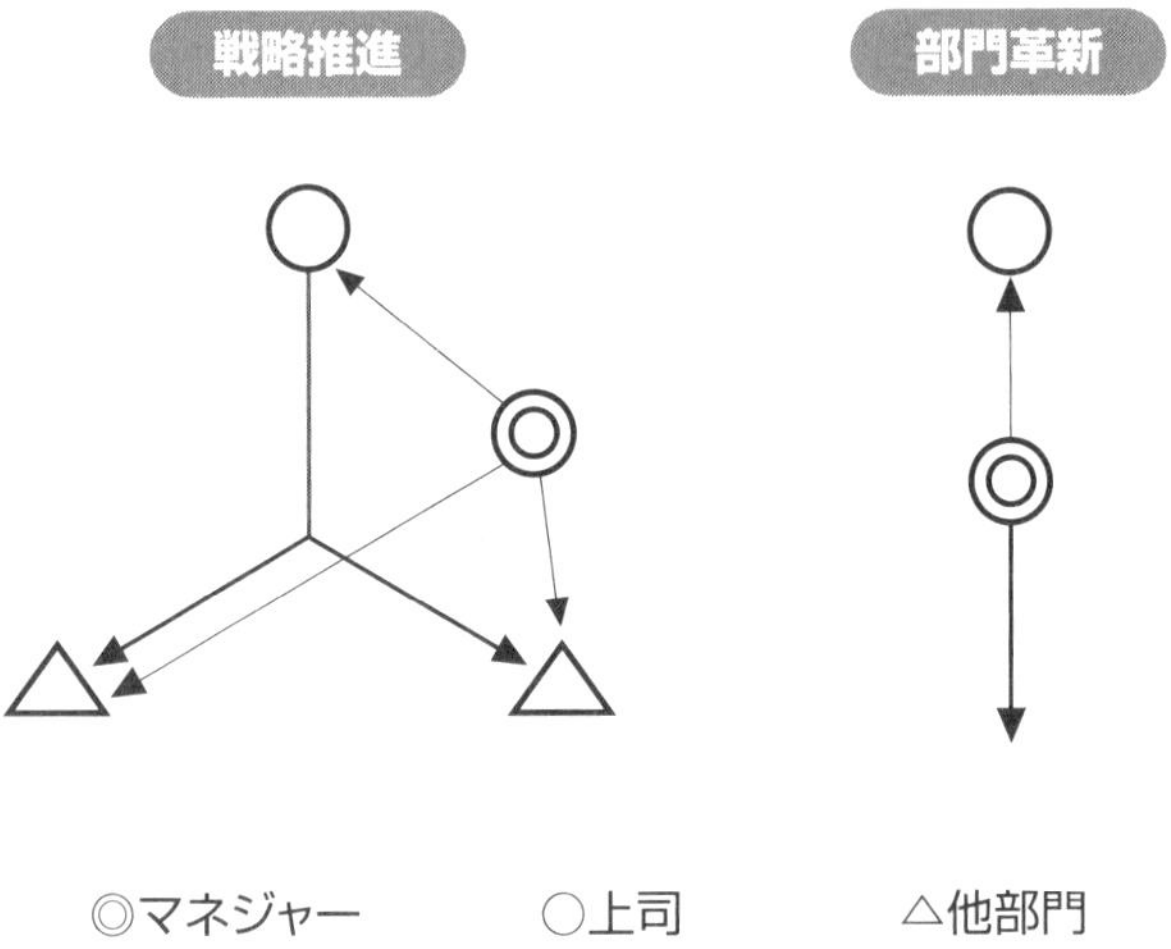

の欲求や行動は常に変化しており、組織はこれに対応した変革が求められる。新技術の登場、法令法制の改正、国内外での関係の変化などに対しても同様で、これらへの対応が遅れたとき企業は破綻《はたん》し、公的組織は社会的信頼を失う。

第二の動因は、経営者・マネジャーの旺《さか》んな意欲である。優れた経営幹部は経営に高い理想を持ち、外部環境変化の有無にかかわらず、新たな発想と方法を求め、これを実現しようとする。こうした経営者幹部にとっては、新しい経営技術の登場は強い刺激となり、また他業界で行われた各種改革事例は、すべて重要な業務改革のヒントとなる。

業務改革を分類すると、部門革新と戦略推

進の二つに分けて考えることができる。

部門革新は、部門内部限りの改革で、すべての部門に存在し、戦略推進は、おもにスタッフが社内の全組織を対象として改革を推進するものである。また部門革新には経理・人事・生産・販売などの機能部門単位の改革もあれば、事業部・関係会社などの事業を単位とした改革もある。

マネジャーはまず業務管理を習得し、ついで業務改革を主導する存在となる必要がある。業務改革の内容は部門ごとに異なり、これを成しとげるには、業務管理とはまた異なる能力を必要とする。

業務管理体制が不十分なときは、改革そのものがうまく動かず、あるいは改革の成果そのものが損なわれることが多い。

◇業務改革を進める五つの条件

業務改革は、次の五つの条件を満たさねばならない。

①　新発想の登場

業務改革の第一の条件は、従来の発想に変わる明確な新発想がまず存在することである。これは考え方の根本や、あらゆる方法論の前提が一度に変わることを意味している。

さきに述べた乗用車販売方式の改革における旧発想は、〝車は顧客の場で売り込む〟というものであり、これに対する新発想は、〝店に顧客を集めて売り込む〟ということであった。これによって方法論は、一度に大きく変わった。

ここでいう新発想とは、決して高尚迂遠《こうしょううえん》なものではなく、現在の業務活動の根本となっている具体的な発想に対するアンチテーゼであって、これが変わらねば改革とはいわない。同じ発想のもとでやり方だけが変わるのは、改善である。

②　激論誘発

業務改革のための新発想は、それがはじめて提起されたとき関係者に抵抗があり、激論がわき上がるほど、現状の発想とかけ離れている必要がある。

逆にいえば、部内の全員に新発想を提示したとき、直ちに円滑に納得と賛成が得られるようなものは、新発想の名に価しないということである。

その理由の第一は、これくらい旧発想と離れていなければ、改革実行の結果、劇的な効果は生まれないからであり、また第二には、この改革に参加し方法を創る人びとが激論によって、新発想の持つ意味を〝本当によく理解する〟のでないと、改革の成功はおぼつかないからだ。

思想統一のための期間は普通、少なくとも数カ月以上を必要とする。

③ 成果発現に長期を要すること

第三に業務改革の具備すべき条件は、それをはじめてから実際にその成果が生まれてくるまでの期間は、少なくとも一年以上、普通数年を必要とすることである。

業務改革とは、業務の面におけるその部門の「体質を変える」ことであって、一時は変わっても間もなくもとに戻るような一時的なものではない。またこうして時間がかかることであるからこそ、これによって他社との有意の格差を創り出すこともできる。

いくら自社がよいことをやっても、他社が直ちに真似ができ、すぐその効果が出るようなものでは、会社間の差はつかない。

④ 独創であること

新発想とそれによって生まれた方法論は、自社の課題解決に最適の独自のもので、決して他社の人真似ではないこと。わが国ではしばしば、主体性なく他社の新たな方式を真似ることが行われるが、それはここでいう業務改革ではない。

⑤ 成果の実現

業務改革は現状を否定し新たな状態をつくるだけでなく、その結果が仕事の質に革命を起こし、業績の大幅な飛躍と向上を実現するものでなくてはならない。その形や体裁が問われるのではなく、その結果が問題である。

現実の組織内のシチュエーションを変革するのだから、業務改革には、上司・同僚・関係外部・部下を説得して動かすことが必須の要件であり、リーダーシップの不足したマネジャーには改革ができない。正しい使命感に基づいた強い情熱と行動力がこれに不可欠である。

また組織に有用な大きな業務改革ほど、先見の明と他に例のない孤独に耐える信念を必要とするものだ。

化粧品業界のトップシェアを持つ資生堂が、その地位を築く基礎となった、メーカー↓販社↓チェーン小売店↓花椿会という一貫販売組織は、約六十年の年月をかけて整備された。大雑貨問屋に頼り商品流通の実態をつかめなかった形態から、同社が他に類を見ない流通の改革に乗り出したのは、大正六年に雑貨店のチェーン化を開始したのにはじまる。昭和初期に問屋にかえて販社組織を、昭和十二年に顧客組織としての花椿会へと進み、現在の組織は太平洋戦争中に崩壊した販売組織を戦後に再建したもので、その効果は昭和三十年代になってはじめて本格的にあらわれた。

セルフ・チェック

あなたの属する組織内では、

❑ このような先見と独創性のある改革が、ひそかに進んでいる。

❑ 改革にはほとんど無縁で、他社の新しい動きに追従を繰り返してきた。
❑ 若干改革といえるものはあるが、先見と独創性に富んでいるとはいえない。

◇マネジャーの克服すべき課題

関西のある耐久消費財メーカーの社長は、本社の総務、勤労、管理、技術などの各部長が、長期の戦略提案をトップにほとんどせず、部下の各課長たちと日常業務に明け暮れていることに不満を持っていた。

社長はこの原因が、各部長にそれぞれ課長が所属していることにあると判断し、本社機構の全課長以下を社内サービス部門として専務の直属とし、各部長を一人ひとりのスタッフとした。しかしこの結果、各部長は何をしたらよいかがわからず、この新組織は間もなく旧に復した。

業務改革の必要は、すべてのマネジャーの認めるところだが、現実の組織内では維持段階のマネジャーが多く、みずからが発議してこれを行う主導改革段階にあると認められる人は一部にすぎない。これは重要な経営上の課題であるが、ここには五つの原因が考えられる。マネジャーは、これらを克服せねばなるまい。

①　発想の貧困

第一の原因は、マネジャーの業務改革の基本発想が貧困で、その視点は当面の課題やルールにとらわれ、長期の戦略的発想や次元を超えた考え方ができないことにある。
発想を豊富にするには、徒《いたずら》に維持管理にのめり込むことでなく、もっと社外に出ていろいろな人と交わる必要があり、各種経営技術を調査し、事例からの教訓抽出能力を高める努力をすべきである。

人事部長は、〝人事の社長〟であり、技術部長は〝技術の社長〟である。経営者には案件の承認を求めるだけでなくフリーに発想を討議する機会をみずからつくって同等に近い視野を確保し、専門に関する限り経営者に先手を取られることなく、所管については経営者以上の情報と対案を持つ必要がある。

マネジャーはより長期的視野に立ち、視界は常にロング・レンジであるべきである。経営者、理事者は、やがてその組織を去る。改革施策は己《おのれ》のためにあることを銘記し、後年悔いを残すことがないようにしたい。

②　知識・エネルギー不足

正常管理段階にとどまる人びとは一般に、業務改革の実行に関する知識が不足であり、また管理にエネルギーを奪われすぎている傾向が強い。

マネジャーのマネジャーたるゆえんは、改革を主導できることにあり、日常管理だけでは、その任務の半分をも達成しているとはいえない。改革の知識を身につけ、自己のエネルギーの再配分を行うべきだ。

③　説得力不足

部下に対する説得力はあっても、上司、他部門の同僚、関係外部に対する説得力が弱く、とくに次元の異なる発想をかれらに納得させる能力が低ければ、業務改革はできない。

これからのマネジャーの能力はその社内影響力によって測られるのであり、各対象に対する説得力を、意識的に強化する必要がある。

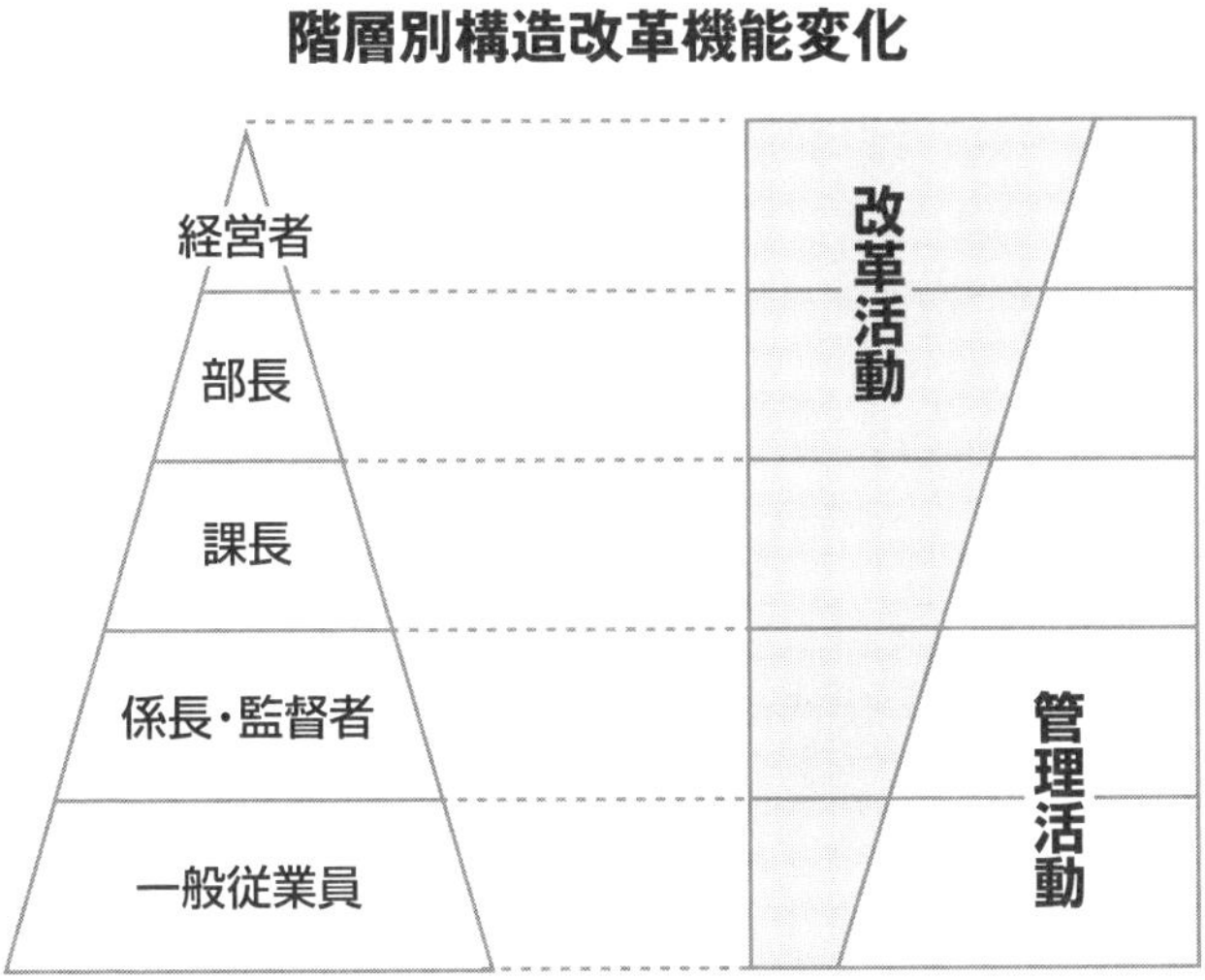

④　時間管理拙劣

日常の管理に大部分の時間がとられ、多忙に自己満足し、時間に振り回されている傾向があると、改革はできない。多忙さは任務を果たしているなんらの証拠でもなく、時間管理の拙劣さを示すにすぎない。

マネジャーはまず、仕事を標準化して部下に委譲し、例外管理の体制をつくることによって、新たな時間を生み出す必要がある。またマネジャーの時間は、部下や外部の人などによって他動的に奪われやすいものであるから、まず自分が改革のために成すべきことは何かを明確にし、優先的にそのために時間を割き、これで足りなくなった時間を、仕事をやめたり、部下に委譲したりすることによって解消する態度が必要である。

⑤ 度胸不足

改革を困難にする最後の要因は、度胸不足。せっかく構想を練り上げたのに、最後の段になって踏み込む勇気がなく、一日延ばしにしてしまうケースである。

業務改革には、人や経費を増やし投資を必要とするものも多い。これだけの金をかけながら、もしうまくいかなかったらという気持ちが、こうした事態を生む。

しかし現代のマネジャーは、仕事をするのに、いずれにせよなんらかのリスクを冒すことは避けられない。必要と信じたことには思惑を捨て、敢然と挑む心が必要である。

セルフ・チェック

あなたの業務改革能力について、最もよくあてはまると思われるものを丸で囲んで下さい。

1 発想は　〔十分　中間　貧困〕
2 知識は　〔十分　中間　不十分〕

3 説得力は　〔強い　中間　弱い〕
4 時間配分は　〔十分　中間　不可〕

◇業務改革のプロセス

業務改革の内容は、部門や改革の性格によって異なる。したがってそのプロセスも多様で一概にこれを言うことはできないが、一般には次の手順を欠かすことができない。

1 探索……部門内外を探索して自己の行うべき業務改革のテーマを決定する。
2 改革構想……そのテーマを研究し、改革の発想、方法、人、組織などの構想を決定する。
3 説得……構想を関係者に説得し、あるいは根回しを行い、実施の同意を得、空気づくりを行う。
4 実施……実行の細部を決定し、教育その他の準備を行い実施に移す。
5 評価継続……実施結果を評価し必要な修正とフォローアップを行う。

業務改革プロセス

Step1	探　索	問題を探索し、テーマを決定する。
Step2	改革構想	新発想、方法、組織、人などに対する構想を決定する。
Step3	説　得	関係者を説得し、実施の同意を得る。
Step4	実　施	実施計画をつくり、教育その他の準備をし、実施に移す。
Step5	評価継続	結果を評価して修正を加え、継続努力によって成果を実現する。

すべての業務改革にはこの五段階を欠かすことができない。部門革新、戦略推進のいずれをとってもこれは同様である。

実際の業務改革活動では、これらのプロセスがオーバーラップする。テーマの探索過程では、逐次意思決定のための仮説が絞られ、意思決定までに基幹部分の説得が進み、その後は公式の準備を開始し実施にいたるのが業務改革の姿である。それぞれに必要な期間は、テーマの性格や説得の難易度によって一様ではない。

2 改革テーマの探索

改革テーマの探索は、マネジャーが新ポストに就任した日からはじまる。マネジャー交替時は気分を一新しやすく、常に改革の好機である。

◇期待と問題

業務改革テーマは、次の二つの角度から検討選択されねばならないことは最初に述べた。

1 組織全体から見て、いまこのポストにある自分に、何が期待されているか。

2 担当部門内部で解決すべき問題は何か。

組織の期待を正確に把握するには、マネジャーが常に組織の内部外部状況の変化に深い関心を持ち、経営に関する情報を、自己への期待を検討する材料として真剣に解釈する必要がある。そして必要な外部の情報などを研究し、常に組織全体に対する明確な意見、見識を持っていたい。

このため部下、同僚、上司の意見を聞き、討議し、誰が何を考えているかを把握することも重要である。これは同時に、業務改革の実施段階において協力を確保するための材料ともなる。

◇問題の意義

組織の期待とならび業務改革テーマ決定のための出発点となる「問題」とは、マネジャーが解決を要する経営上の事実ないし現象そのものを指し、通常簡潔な言葉で明快に定義されたものを意味する。

日本語では解決を要する事実を問題というほかに、その事実の原因や背景を「問題」と表現することもある。この混同は改革上不利であり、後者はこれを「原因」として峻別する必要がある。

問題は、事実に基づいたものであること。主観によって偏向した問題意識を持ったり評判に左右されることなく、その発生場所での状況を観察して直接つかみ、計数をもって裏づけ、人の「意見」と「事実」は、明確に弁別して聞く。

問題の定義は、これを上司に説明する場合を想定し、解決を要する事態を**一口で包括的に簡明に表現したもの**であることを要する。問題を原因と混同したり、主観によって問題の定義を偏向させてはならない。業務改革には多数の立場の異なる人びとの理解と協力を要し、スタートの思想統一段階での紛糾は極力避けねばならないからだ。

問題は、外部環境と内部状況の相互変化によって生じる「摩擦」である。担当部門には異種類の問題が絶えず起こり、解決によって解消し、解決されないときは累積して組織の危機を招く。

たとえば企業において他社から優秀な商品が発売されたため売上が低下したり、地方自治体において住民の新たな要求に対して内部体制が不備であるなどは、この「摩擦」である。

問題とはまた、マネジャーの抱く理想の状態と現実との間のギャップであるともいえる。

問題の種類

	当面問題	将来問題
人間問題		
業務問題		

したがって理想水準の高い人ほど多くの問題をつかみ、現状妥協的な管理者には問題があっても見えない。問題は発見するのでなく、管理者が高い理想を持してみずから創るものである。

◇問題の種類

マネジャーが抱える問題は、これを四つに分類することができる。

一つの区分は、それが業務問題か人間問題かということである。人が多すぎる、経費がかかりすぎている、売上が伸びない、不良品が多い、品質が不安定だといった性格のものが業務問題であり、チームワークが悪い、消極的だ、トラブルが絶えない、人が育っていない、皆の考え方にまずいところがある、などは人間問題である。

業務問題は、ほぼなんらかの形で数字で表現できるものであるのに対し、人間問題は定性的にしかあらわせない傾向がある。したがって計数を強調しすぎるときは、人間問題の改革が軽視される危険があることに注意を要する。

いま一つの区分原理は、それが当面問題か将来問題かということである。当面問題とは、いまそれに直面しており、直ちに解決に着手せねばならない課題であり、将来問題とはまだ表面化していないが、時勢の成り行きや内部兆候からみて、近い将来に顕在化の可能性がある問題である。人手不足で外注能力に限界が出る危険がある、こんな人手のかかる製品は人件費が上がってくると引き合わなくなる、この調子で継ぎ足し工事を続けると運搬系統が複雑化し困る、あとが育っていないから次の代は大変といった問題がこれだ。

マネジャーは、「当面」と「将来」の両問題をバランスよく押さえている必要があり、とくに業務改革のテーマとして大切なのは、将来問題である。

セルフ・チェック

あなたの担当部門の場合、

- ❑ 当面問題に振り回され、正直いって将来問題に考えを及ぼすゆとりはない。
- ❑ 当面問題はあまりなく、中期・長期の将来のための手をいかに打つかが問題である。
- ❑ 当面問題もあれば将来問題もある。両方ともに重要な問題が存在する。

◇問題を評価する基準

マネジャーは高い理想水準を維持する限り、常に多くの問題を把握することができる。

しかしマネジャーの時間は不足しがちであり、在任期間には限りがある。したがってマネジャーはワンポスト・ひと仕事を確実にするため問題を絞り、重点に集中することが業務改革の心得である。

一時に並行して複数の改革を推進すると、部内に思想的混乱を生じたり、効果が相殺されたりする傾向がある。ひと仕事を終わったのち次のテーマに移るシリーズ主義が必要だ。

マネジャーは改革の経験を積むにつれ、複数テーマの進行が可能となる。自己の能力を正しく評価し、初期では重点的に「ひと仕事」を残すことに集中する心構えが正しい。

マネジャーは、新ポスト就任当日から神経を研ぎすまし、すべての現象や情報を自分の改革テーマの材料として記憶または記録し、問題や原因、対策の仮説を立て、追加、消し込み、統合、因果関係づけなどを行いながら進むこと。ある程度情報を得たら、問題や因果関係を図解・整理し、全体の俯瞰《ふかん》図をつくって評価する必要がある。

列挙された問題は、次の基準に従い評価を行うことが望ましい。

① 組織貢献度からの評価

その問題を解決したとき、組織全体に与えるよい影響、貢献度はどれだけのものか。全組織の方針や自己への期待に対する適合度はどうか。この観点からみて重要度順にいえばどうなるかの基準による評価が第一に必要である。問題に順位をつける。

② 自己力量からの評価

重要度において高い評価が与えられるテーマであっても、部下の人びとを含めた自分の力量から、解決が難しすぎるテーマを最初に選ぶことは適当でないことが多い。重要度は二次的でも、それを急速に克服することによって全員の自信を高め、人間的結合を強くすることを優先させる方法は、よく採用される。力量からの判断は重要である。

③ タイミングからの評価

問題の成熟度や外部的なタイミング上、時期的に合っている問題は優先させ、内部的条件が成熟しておらず外部的にもいまやるのでは困難の多いものは、後回しとする。また全社あるいは他部門で自分の問題解決に連繫してやれば有効と考えるものがあれば、それとの連合を考える。

改革には、内外のタイミング、「しおどき」が重要である。

マネジャーは以上の**組織貢献度**、**自己力量**、**タイミング**の三面からの総合重要度順位を判断し、仕事と人間、当面と将来のバランスをとって、改革テーマを一つに、習熟後は複数に絞り込むことが必要である。また、テーマ探索の段階においては、その全過程を通じ上司、関係部門、ならびに部下と十分なコミュニケーションを行い、他部門には理解と同意を取りつける必要がある。

かくて業務改革テーマの探索は、就任時または重要な内外条件変動時にはじまり、上司の同意と部下の心理的体制整備をもって終わる。テーマの決定は業務改革において最も重要なプロセスの一つであり、選択の誤りは以下のプロセスを無意義なものとする。

3 改革構想

◇――新発想の着想

改革の構想は、そのテーマについての新発想をつかむところからスタートする。

新発想をつかむにはまず、解決すべき問題の性格や背景、あるいは原因となっているものを調べ、この解決に役立つような情報を集めて、分解したり組み立てたりを繰り返し、その問題について考え続けることが大切だ。各種の仮説をたて、それを検証し、試行錯誤を繰り返していくという期間――孵化《ふか》のための期間がある。

そしてある日、ある刺激によって突如としてそれが解け、そうか、そう考えればよいのかと、新しい発想がひらめく。このときには一度に問題の全貌《ぜんぼう》が見え、その新発想によって全体が割り切れ、自分に完全な納得がいく。

これが創造のプロセスで、特定部門の業務方式の改革でも、また新技術や新製品の開発でも、同じ原理で新発想にたどりつく傾向が強い。

むろんこのためには、ただ漠然と情報を集め、漫然とそれを眺めているだけではダメで、期限を切って自分をそのなかに追い込み、寝てもさめても〝どうしたらよいか、どうしたらよいか〟と考え続ける。ある意味で、困って困って困り抜き、自分自身を**高圧状態**においておくことが必要である。

◇異分野の世界のアナロジー

ブリヂストンタイヤ（現・ブリヂストン）の創業者石橋正二郎氏は、明治の末年家業の仕立屋を継ぎ、久留米で足袋《たび》の製造をはじめた。商用で上京した同氏は、当時新たに敷設された市電に乗り、五銭均一の料金制度に驚いた。

当時足袋は文数の大小によって価格が異なっていたが、これにヒントを得た石橋氏は、大小にかかわらず均一の価格で足袋を売り出すという革新を行い、注文が殺到してこの零細業者は短期間に大手の仲間入りをした。この革新はその後の地下足袋、ゴム履物、タイヤという発展の礎《いしずえ》となった。

高圧状態から突如ひらめき、新発想によって全体が解ける。その引き金となるものの多くは、違う業界における成功失敗例からの類推に負うところが、一般に多い。

これは、違う世界の発想や事例、芸術、宗教、政治、社会、他の諸科学分野の発想でもよい。世上のめざましい改革例を見ると、その着想には天才の神秘な特別のものがあるように見えるが、現実には、**人のやることに種のない手品はほとんどない**ようなものであり、その引き金として最も重要なのは、〝異質の何か〟なのである。

かつて、日本能率協会に市場研究委員会というものが置かれ、「流行の研究」を行ったことがある。このテーマにどのように取り組んだらよいかを検討する段階で、疫学《えきがく》（伝染病予防学）の専門家が呼ばれ、防疫の原理について話を聞いた。

それによると疫学では、基本要素として「病原菌」の存在、人びとの「かかりやすい状態」および病原菌とかかりやすい人の「接触の機会」の三つがあり、これらをそれぞれ組織的につぶしていくのが伝染病に対する基本態度だということであった。流行の研究は、このヒントによって大きく進展した。

「ひらめき」の引き金

必死に出口を探しているとき、その人の眼には普通なら見逃してしまうようなものが、突如ヒントとなって飛び込んでくる。石橋正二郎氏にしても、足袋の建て値をどう改訂するか、九文半と九文七分の値段に何厘《りん》差をつけるかなどと考えあぐねていなかったら、当時の市電独特の均一料金制度は、何のヒントともならなかっただろう。

ひらめきの引き金となるのは、こうして自分の観察した異質の現象でも、人の話でも、読んだ本の内容でも、とにかく自分にとって異質な世界のものであればよい。求める心のエネルギーが強いと、思わぬものが突如目に飛び込んでくる。

「転換」が必要だということもできる。研究者がA、Bと複数のテーマを持ち、Aテーマを追求して行きづまり、異質のBテーマをやっているうちに突如Aテーマが解けるということもある。必死に考えて行きづまったとき、普通やったことのないことをやるというのもよい。

異質のものから自己の革新のヒントを生み出すことは、むかしから各種の世界に進歩を

教訓抽出の構造

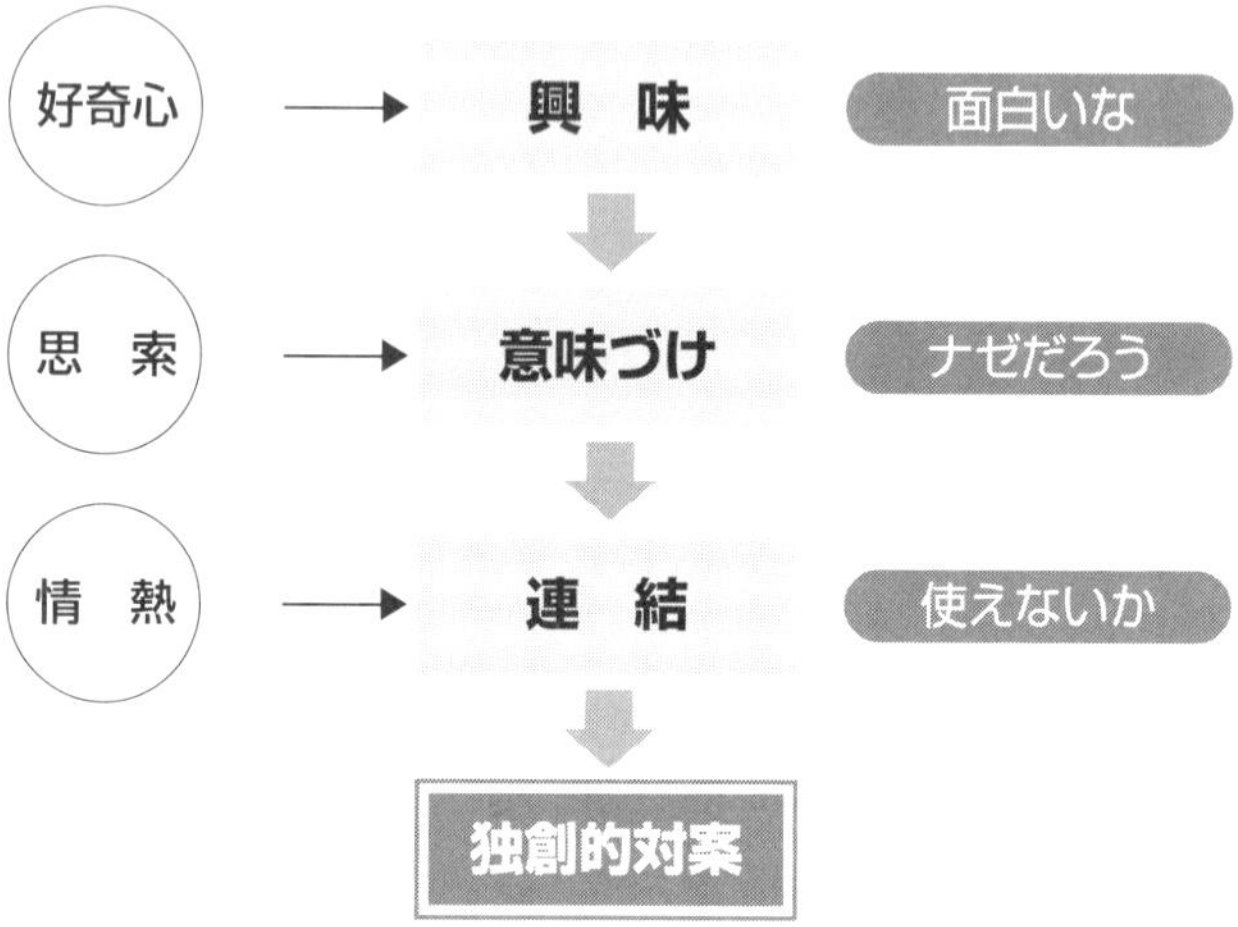

もたらしてきた。これにはまず、常に瑞々《みずみず》しい好奇心を持つ必要があり、次にその現象の理由や意味を掘り下げる思索が必須であり、さらにこれを自分の仕事に結びつけて考える熱心さがあって、はじめて成立する。

マネジャーはその環境の激烈さから感受性を鈍磨させやすく、好奇心は歳とともに薄れ、知ったかぶりの一知半解となりやすい性格があり、意味を深く考える思索よりも、実践ばかりを重んじすぎ、他の世界のことは自己の仕事に無関係と決め込む危険がある。

これらはいずれも独創的対案を案出する最大の敵で、成長する人の採るところではない。齢《よわい》を重ねても常に瑞々しい好奇心を保ち、目に入った現象の意味を深く考える習慣を身につけ、仕事への高い情熱によってこれを独創的な対案にする能力を磨きたい。異質の世界の人、他業界、他の世界の人との接触を意識的に増やすことが重要である。

セルフ・チェック

あなたの教訓抽出能力は、

- ❏ 好奇心が強く、いままでにも他の世界のヒントを仕事に活用してきた。
- ❏ 好奇心が強いとはいえず、考えねばならない。
- ❏ 部分的にはやってきているが、さらに強化を要する。

◇──経営技術からの発想

新発想をつかむための、もう一つの手がかりは、各種の経営技術のうち自分の問題解決に役立ちそうなものを探すことである。

経営技術とは、各業界固有のエンジニアリング技術──機械工学や化学工学などの固有技術に対する言葉で、ハードの技術に対するソフトの諸技術である。

ＩＥやＱＣ、ＰＭなど基本的なものをはじめ、経営技術にはそれぞれ、発想の部分と方法の部分とがあり、とくにその発想の部分が役立つ。マネジャーは担当機能に関連する経営技術に通じ、新経営技術情報を的確につかみ、社外セミナーを受講し、他社の実例や新動向を調査することも、新発想の獲得に役立つ。

導入され日本化したもの、わが国で開発されたものを含め、年代順に経営技術を例示すると、次のとおりである。これらはテーラーの科学的管理法などに源を発し、経営の全部門を網羅し数百種にのぼる。

時間研究、動作研究、推進区制工程管理、事務分析、事務改善、職務給、ワーク・サンプリング、統計的品質管理、原価管理、ＷＳＰ、産業訓練、ファイリング、予防保全、コントローラー・システム、管理会計、カムアップ・システム、マーケティング（市場調査・商品計画・販売促進）、ダイレクト・コスティング、経営計画、ＭＤＰ、工場レイアウト、オフィス・レイアウト、ビジネス・ゲーム、ケース・メソッド、ＥＤＰ、事業部制、かんばん方式、ＶＡ、設備管理、原単位管理、購買管理、外注管理、カッティング・プラン、グループ・ダイナミクス、ＣＩ、研究管理、ＯＲ、ＴＱＣ、ＫＪ法、ＺＤ、ＭＩＣ計画、ＳＴ訓練、スキル管理、マネジリアル・グリッド、設計管理、モダンIE、PM法、新製品開発、PAC、物流管理、グループ・テクノロジー、自己啓発、TPM、接遇者訓練、ストラクチャード・プログラム、OD、目標管理、CDP、編集設計、シングル段取、バラエティ・リダクション、ABC予算、ロジスティクス、SPECS、TA、ヒューマン・アセスメント、シナリオ法、ZBB、OVA、PPM、SBU組織、コンティンジェンジー・プラン、プロジェクト・マネジメント、マトリックス組織、MRB、ランチェスター戦略、エリア・マーケティング、AIA、国際購買、BMP、関連経営革新、CAD、CAM、国際財務、OAなど。

◇高圧プロセス

新発想はこうして、まず自分を高圧状態に置くことからはじまり、異質のものに接触してそれがひらめき、全部が見える。そして通常、その次に「検証」の段階が必要となる。本当にそうか、果たして可能か、裏づけはどれだけあるか、ビジネス・ベースに乗るか、本当に確信が持てるかなど、ひらめきに夢中になってそれに酔い、錯誤を犯してはならないし、部分的には新発想に条件を必要とすることもある。

新発想の着想

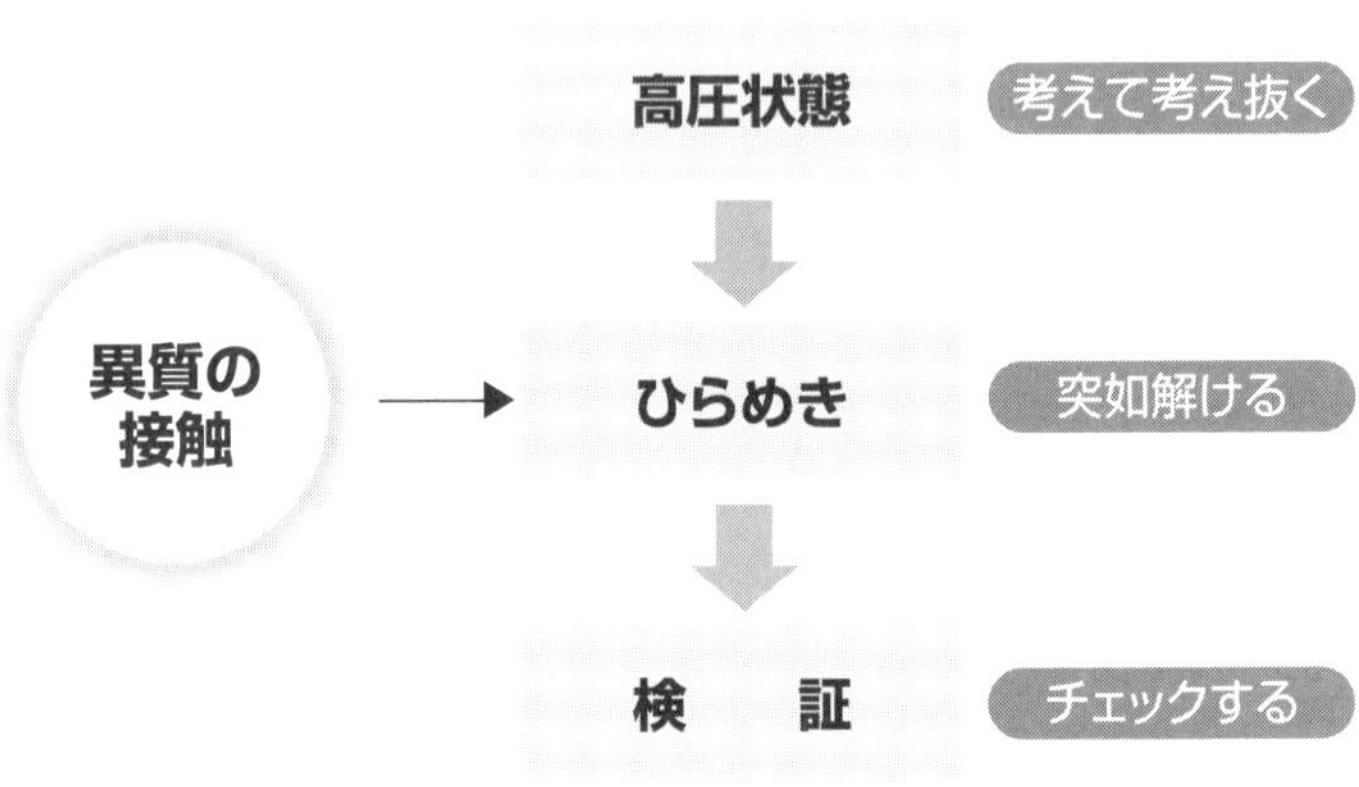

とくに重要なのは、この新発想をもって部下や上司、関係する他部門や外部の人びとを説得しようというのだから、検証の段階は、そのための材料を固める点で重要である。

新発想は、原則としてマネジャー自身がそこに身を置き、自分がそれを発想するのが原則であり、部下からの借り物では迫力がない。

しかし例外もある。営業や研究、開発や設計部門など、自分の担当部門の内部が同質の仕事でテーマ別、地域別などに分かれており、そのなかに優れた新発想で独特の道を拓いた部門があるときは、その優秀事例をよく観察分析して発想をリファインし、これを全部門に呼びかけて横に展開する方式の業務改革も重要で、このときマネジャーは、むしろ演出者として機能する。

◇――方法への展開

得られた新発想はまず、自分に最も近い少数の幹部で討議し、確信が得られたら上部の説得に移るが、これに基づく方法の細部は、その実行部隊となる部下の人びとが中心となって編み出すよう、マネジャーと部下が分業するのが望ましい。

そのためにはまず、その新発想をまともに部下にぶつけ、その反応を見、強い反論が出て激論が生まれるならば合格。反応が鈍く、十分な論議ができないようであればその原因を調べ、必要な新しいアプローチをする。ときにはわざと極端な発想をぶつけ、議論を誘発するのが必要なこともある。

新発想がほぼ皆に理解され、その気になってきたら、新発想に基づく基本的な方法論を数項目固め、この新発想をセットとして「改革構想」とする。さらに詳細な方法論は、社内外関係者の説得が終わり、正式に準備をスタートさせる段階でもよい。

4 説得

業務改革にかかわる説得活動は普通、上司の同意と内部固め、組織内の関係他部門の根回し、外部説得の順序で行われる。

しかし説得には、重要な基礎事項がある。まずこれに触れ、ついで各段階について述べる。

◇説得の四要素

マネジャーの説得力は、その最も重要な能力の一つであり、その「実行力」とほぼ同義語だが、これが有効に機能するには、次の四要素が必要である。

1 的確な意思
2 平素の信頼感
3 強い心のエネルギー
4 説得の技術

相手が納得し思うように動いてくれるには、まず構想の内容が状況に合致しており、判断の的確さを備えている必要がある。重要な対案を落としたり、判断に見落としなどがあったりすれば、それは通らない。

説得成立のための第二の要素は、自分と相手との間に、信頼し信頼される相互関係があるということである。信頼関係がなければ、内容が正しくとも真意は正確には伝わらず、上司は信用していない部下の提案を聞かないし、意思が疎通していない他部門の人が協力してくれるわけもない。この意味で説得力は、信頼感がどの程度のものかに依存するところが大きい。

いま一つ説得には、自分の考えを是が非でも実現しようとする心のエネルギーの強さが必須である。心が弱ければ説得ができない。決意、情熱、心のエネルギーが重要な要素となることは明白であろう。

最後に説得の技術が問題となる。同じことでも言うタイミングがあり、話し方の順序があり、アプローチの方向や表現がある。上手な説き方の方法論がなければ、説得は成功しない。

かくて説得力を考えるには、まず的確な意思があり、自分と相手を結ぶ信頼感が基礎工事として必要であり、次に、それを是が非でも実現する情熱、心のエネルギーが問題で、最後に説得のための技術や方法が必要となる。

◇——的確な意思

説得の第一条件は、提案しようとする内容が的確かつ魅力的で、隙がないこと。つまり案そのものに説得力がある、ということである。

まず提案は、その基礎となる事実や実態の把握が正確で、あくまでも事実で裏打ちされ、特定の概念やイデオロギーに影響されたものではないこと。きちんとした論理で貫かれ、内外の人間的な要素や定性的要素についても、実際的な判断が必要である。

問題を解決するための考え方や方向については、特定の思いつきにとらわれすぎ、討議の過程で〝もっとよい他の対案〟が出てくるようではまずい。このためには問題の原因を考察したのち、必ず方向の異なる複数の対案を設定し、その長短を定量定性の両面で比較評価して、最も有利な対案を選ぶ習慣が必要である。

より有利な対案の考え落ちを防ぐには、最初に考えた方向や対案（A）の、「論理的な逆」の対案（B）を考え、さらにA・B両案の中間（C）を考える思考習慣が有効である。

たとえば新製品の販売方式を考えるとき、まず有力なものとして代理店販売方式（A）を挙げた。その逆は直販方式（B）、その中間案として特定地域や分野は直販、その他は代理店方式（C）の中間対案を設けるといったやり方である。

有力対案を落とさないための他のアプローチとしては、事前に反対の出そうな説得対象の主要人物と予備討議し、そこで出た異見を分析列挙するやり方もある。これは内部型の改革などの場合に有効なことが多い。

案の的確さを害するいま一つの形は、対案を選ぶ段階で起こる。各対案の長短は、いろいろ違う判断角度から検討し、総合的に見ていずれかを採用することになるが、そのとき検討すべき重要な角度の欠落があり、そこを衝かれて通らないことになるのではまずい。

説得のための第二の要素である「平素の信頼感」、これをいかに高めるかについては、人の面における上司、同僚との関係（一七〇ページ以降）を参照されたい。

◇──強い心のエネルギー

説得には、マネジャーの強い心のエネルギーが必要である。

説得力があると思われる人の特色は、その「粘り強さ」にあり、一度でダメなら二度、それでダメならさらに手をかえてアプローチする。難しいと思われることでも時間をかけ、ジリジリと押していくことによって、結局構想を実現する。

改革に関する説得が、一度のアプローチで解決すると考えるのは幻想にすぎない。熱意をもって迫り、粘り強く時間をかけて説得していく。トップはとくに細部の実態に詳しくないので、本人の熱意や真剣さで諾否を決定する傾向もある。

ある先入観をもって〝これはうちでは通らない〟と断念するのも、また故《ゆえ》なきことである。時代は変わりつつあり、組織内の事情もまた流動しつつある。

むろん説得の迫力だけがすべてではなく、巧みに仕組んで自然に落ち着くべきところに落ち着かせるのが、成熟したやり方である。しかし初級マネジャーはまず心のエネルギーを強化することからはじめ、次の境地に進まねばならない。

ある創業経営者は〝皆が持ってきた案はまず大抵反対する〟と述べた。かれによると、社内の提案の大部分は金を使うか人を増やすことばかりで、これでは身が持たぬ。自分が反対したら部下が引き下がった案は、浪費を防止したのであり、反対しても二度三度と言ってくるものは必要性が高いものと考え、本人の腰の強さを見てそれがほんものと見極めたら、そこから真剣に検討する。こうすれば大きな判断の誤りはない、ということであった。

◇相手の分析

マネジャーは人を見て法を説く人である。相手はいま何を考え、何で悩み、どのような性向の人で論理的なアプローチがよいのか、情緒的なやり方がよいかなど、十分に研究して行うことが必要だ。

相手の当面関心事が何であるかは、とくに改革に伴う説得に重要な意味を持つ。相手の関心事の解決に役立ち得る論理が自分の案にあると、説得力は強いものとなる。説得には個人だけでなく、集団の持つ「心」を理解することも重要である。この理解が不足していると、いかに情熱を持っていても改革に歯の立たないことがしばしば起こる。

M氏はある重工業会社の営業スタッフ部門の課長をしていたが、定期異動によって、直接に販売活動を行う部門の長として転出した。新しい部門は社内の販売部門と変わらないが、技術提携などの関係から別の法人格となっており、場所もそれまでの営業部門事務所のなかにレイアウトされていた。

M氏はこの新部門を担当したとき、まず売上を急伸させることが必要と判断し、そのためには部内の営業担当者の分担の仕方が不適切で責任が明確でないことがネックとなると考えた。かれは営業成績が明快に割り切れる個人別縦割りの分担を主張し、まず部内の全員会議で自分の方針として話し、さらに個々の担当者に対し個別に説得を続けた。

その結果、大きな反論はないように思ったかれは、この方式の採用を正式に宣言し、全営業担当者は、得意先別に分業し、個人別に売上、経費、利益が明確に計算されるシステムでスタートした。

しかしこの方式は熱意をもっては受け入れられなかった。もっと取り扱う商品別の方針を考えてもらわねば困るという要望が出、売れない理由の言い訳が多くなり、消極的な態度が以前よりも目につくようになって、好成績の人びとと成績の振るわない人びとの間が冷えた。結局受注成績は、前任者のときよりも下がってしまった。かれはいろいろと努力したが大勢はいかんともできず、二年後、M氏は定期異動で他部門に去り、交代した新任のマネジャーによって新たな展開が行われた。

それは個人別得意先別の分担ではなく、主要な製品別グループをつくり、チームによって販売の推進を行うというものであった。そしてこの段階にいたって、この販売部門は急速に成長し基礎を固めることができた。

◇同意プロセス

上役に改革の構想の同意を得るプロセスでは、当然構想の内容の的確さが問題となる。構想を得るまでの全体プロセスで、その都度協議し、自分と一体になって進めてもらえるようにすることが必要である。

スタッフの行う戦略推進の場合には、上役レベルの他部門幹部に、自分の上司が根回しをしたり、会議などでの発言や案の推進を担当することが多い。したがって上司には、構想そのものが部下からの頼まれごとではなく、自分が推進者であるとの「所有感」を持ってもらわねばならず、そのようになるよう、マネジャーは構想を共同作業で進める必要がある。

上司が積極的に同意しないものは成功しない。業務改革はその実施プロセスで障害に遭い、瓦解《がかい》する危険を持っており、その時点での上司のバックアップは、極めて重要な意味を持つ。

上司の社内影響力が弱いときは、社内に大きな影響を与える改革の進め方には慎重な考慮を要する。

上司の同意を得たあと、その改革の進め方について協議し、委員会の設置やプロジェクト・チームなどの組織上の配慮が必要か否か、その成功の障害となり得る要素は何か、誰が重要な人物であるかなどの作戦計画を練る必要がある。

◇――根回しと空気づくり

部内限りの革新ではなく戦略推進においては、社内全体の根回しと改革の空気づくりが重要である。

他部門への根回しは、これを二つの段階に分けて考えることができる。その前段はコア・メンバーを組織することであり、後段は一般の根回しである。

コア・メンバーとは、一緒にこの改革を賛同推進してくれる少数の人びとを意味し、発想の段階から連絡をとり、相談して意見を聞き、重要な構想は説得段階以前に同意している他部門のマネジャーである。大きな改革ほどコア・メンバーが重要となる。

後段ではこれを軸とし、影響を受ける人びとに事情を述べて理解を求めていく。策略ととられる危険を排し、フェアにこれを進める。

キー・パーソンをつかむ。改革の成否を握る人物を想定し、時間をかけて了解と積極的賛同を得る。有力な反対者となり得る人には、とくに慎重に、段階的に、まず考え方から方法に及んでいく。

組織内でいかなる手順、手続き、進め方を必要とするかの情報も、この機会に得る。この結果、当初予想したものよりもタイム・スパンを長くとる必要を感じるときもあるし、その逆もある。

公式発表の前またはあとで、自分の意図した改革について組織内に新たな空気をつくることは重要であり、これには各種の工夫をする必要がある。外部の専門家や権威者の内部講演は、発想当初にトップの関心を得るためにしばしば用いられ、また公式発表後の空気づくりにも有用である。

改革テーマについて特定の部下を外部機関に派遣して勉強させ、それを発表させたり、他社や海外の例の調査のため共同で視察にいき、帰って討議する方法もある。いずれにせよ意図したことを正しく理解してもらうには、同じ情報に接してもらわなくてはならない。社内報や部内説明会などの広報活動も重要である。

外部の説得を要する改革では、これを社内と同様に考え、会合の都度啓蒙し、とくにこのためだけの会合を持つことが必要なことが多い。業務改革は、当事者が思うほどには相手から理解されないのがその常であることを銘記し、空気づくりに必要なことは何でもやる気構えが大切である。

説得段階で見通しのついた部分は、逐次個別に実施の準備に取りかかるのがよい。時間は有限であり、せっかく盛り上がった機運が実行までのタイム・ラグで冷えることも多い。

セルフ・チェック

あなたの根回し能力について、

- ❑ 相当な水準にあると思う。
- ❑ これが問題で、他部門を動かす力をつけねばならない。
- ❑ 相手による。

5 実施と評価

実施計画

部内審議、委員会や事務局での審議に基づき、実施計画をつくる。

実行にあたっては、必要な実施事項を列挙し、分担を定め、手順に従って分担ごとに実施事項を配列して大日程計画をつくる。その期間は少なくとも六カ月、大プロジェクトでは数年から十年以上に及ぶ。全プロセスを大きく段階に区切り、段階の終末ごとに目標を設定して到達すべき状態を可能な限り量的に表示し、また個別実施事項の期限を明確に切る。

各段階で必要なことの一つは、起こる可能性のある障害を事前に予測し、その障害を排除する対策を先手で打っていくことである。期間中関係者の気をそらせる他のすべての動きは、これを障害と考えるのがよい。

いま一つ必要なことは、業務改革活動と他部門や部門内各グループの日常管理との兼ね合いを慎重に考慮することである。実施段階での失敗は、その意図の不徹底を除くと日常業務に妨げられ、個別に必要な実施事項が進まないことに起因する例が多い。両方を上手にこなす見込みが少ないときは専任の組織をつくり、あるいは既存の分担を臨時に変更する配慮がいる。また途中での関係者の負荷状況の変化は、正確につかんでいなければならない。

◇モデル試行と教育

業務改革には、本格的な全面実施にいたる前に、モデルによる実験や一部分の試行を行い、実施の細部を決定すべきものが多い。新製品における試作やマーケット・テスト、設備開発でのパイロットプラント、諸システム設計におけるシミュレーションなどはこれであり、工場や販売網の改革では、一部で新方式を実施して成果を上げ、このモデルを見習う方式で全体の改革を進める方法が、しばしばとられる。

業務改革の実施段階では、関係者の教育は極めて重要なプロセスである。その考え方と方法の詳細を記述した説明書や実施マニュアルを作成し、これによって組織的な教育を行う。

教育には十分な期間と準備が要る。とくにその思想、考え方の転換が問題であって、これには大きな精力を割かねばならない。いかに教育しても、推進当事者ほどには理解していないのが改革時の現状で、うるさいほどの繰り返しが必要である。方法の教育には教材を準備し、視聴覚化し、現場見学をやり、必要な期間をとる必要がある。

◇評価と継続

業務改革は、あらかじめその成果の測定方法と測定時点を決めておき、これに従って測定の結果をまとめ、必要な小修正を行うことが必要である。委員会を用いたものはこれに報告し、注意を継続的に保つ。大規模な体質改革では、スタート時点よりも、その後の継続力が決め手となる。年々計画を拡大し、それがある量に達したとき、はじめて画期的な成果となるものも多い。

継続拡大努力には力を要する。推進当事者である部門のマネジャーの交代が、継続努力の危機となることはしばしばである。その上級者や経営者理事者はこの点を注意深く押さえ、成果の収穫が完全に定着するまで、強い指導力を保つことが重要と考えられる。

要約

1 業務改革とは、担当業務を新たな発想と方法によって革新し、高質、高生産性の新体質を創造することをいう。

2 業務改革は、環境の変化ならびに経営幹部の強い意欲によってはじまる。そしてこれには、新発想の存在、激論、長期努力継続、独創性、ならびに成果実現の条件を備えている必要がある。

3 マネジャーは改革のために、発想の貧困、知識・エネルギーの不足、説得力不足、時間管理拙劣、度胸不足の五悪を克服しなくてはならない。

4 業務改革は一般に、探索、改革構想、説得、実施、評価と継続。この五つのプロセスをもって構成される。

5 テーマの探索にあたっては組織全体からの期待と部内問題の二つを踏まえ、問題を当面と将来に分けて把握し、適切な評価によって問題を重点的に絞り込む必要がある。

6 改革構想の基礎となる新発想を得るには、まずみずからを「高圧状態」において考え抜き、異質の接触を引き金としてひらめきを起こし、それを検証する必要がある。このためにマネジャーは社外に出て異質の人との接触を深め、教訓抽出能力を磨く。経営技術からの発想や、優秀グループの発想の横展開も有用である。

7 説得にあたっては、的確な意思、平素の信頼感培養、強い心のエネルギー、説得の技術が必要であり、上司部下の同意、組織内の根回しと空気づくりを周密に行う。

8 実施にあたっては必要なモデル試行を行って実施計画を策定し、起こる可能性のある障害を事前に予測して先手で排除し、かつ日常管理活動に妨害されないよう適切な方策を講じる。実施のための事前教育は、これを徹底して行うことが、改革成功の秘訣である。

9 実施後は成果の測定評価を定期に行って所要の修正を加え、成果の収穫が完全に定着するまで強い指導力を保つこと。関係者の異動は、とくに継続努力断絶の危険をはらんでいることに留意する。

第Ⅲ部

人の面でやるべきこと

人の面の問題は、これを、対上司、対同僚（他部門幹部）、対外部および対部下と、四つに分けて考えることができる。ここでは対上司・同僚・外部に対することをまず考察し、ついで部下との関係を考えることとする。

第5章

対上司・同僚・外部関係

1 対上司

まず信頼されること

マネジャーは、それ自身が自律的な存在であって、単なる上司の使用人ではない。

しかし組織上の機能として、上司の意図を正しく受けてその実現のために活動し、あるいはその活動を容易にするよう上司を補佐する責任がある。また改革においては、上司を自分が説得でき、その気になってバックアップしてくれる状態をつくることができなければ、改革を実現することは難しい。

以上のような補佐あるいは説得がその目的を達するための基盤は、自分が平素、上司に十分に信頼されているか否かにある。

上司から信頼される上で、まず問題となるのは、自分自身の仕事の実績。従来いかに積極的にものを考え、いかなるよい実績を残してきたかということである。日常業務だけに固まり、業績をよくした経験もないようでは、信頼されることは難しい。

上司との日常のコミュニケーションが十分かどうかも、信頼感に大きく影響する。いかに有能でも、日常の報告や連絡、あるいは将来への意図に関する相談などが綿密さを欠くと、上司は不安を持ち、提案よりもむしろ情報不足を問題にする傾きがある。

仕事の正確さや緻密さも上司の信頼感に与える影響が大きい。ミスを起こさないという心理は誰もが持つが、上司によっては小さなミスでも過大な心配をする人があり、これが不信に転化することもしばしばである。

◇——全体最適の補佐

マネジャーはときどき、改めて自己を上司の立場におきかえ、自分の部門がそのなかで何を成すべきか、また何が足りないかを考える必要がある。

マネジャーは、少なくとも一段階は上の立場でものを考えねばならない。課長がもし、特定の部下係長に対して不満を持つとすれば、その係長は、自分の担当分野に閉じこもり、

全体のなかで自部門は？

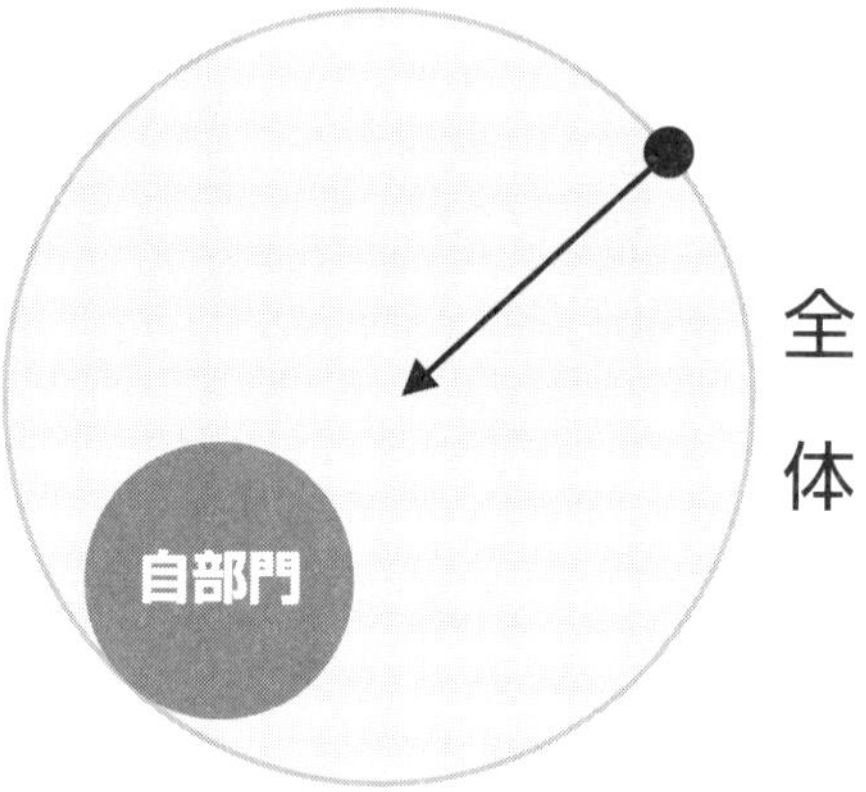

そのレベルでしかものを考えることができないからであり、部長がある課長に不満をもつとしたら、おそらく課長が課内限りの視野だけでしか行動できていないからである。

全体から、「部分としての自部門」を見る習慣によって、より高次の発想をすることができ、経営者・部長・課長といった各階層の人びとが、いずれもこの発想で行動することにより、組織全体の活動に隙間がなくなり、よい成果を得ることができる。

上司を「補佐」するとは、文字どおり補《おぎな》い、佐《たす》けるということである。全体最適の立場で、上司がカバーできていない仕事をこちらが自動的に補完したり、忘れている可能性のあることに念を押したり、上司の偏らない決定を援《たす》けるために必要な情報を提供したり、必要な意見を積極的に述べたりすることを意味している。

人の能力というのは「いびつ」なもので、「絵に描いたようにできた上司」は、どこにも存在しない。したがってマネジャーは、上司の立場に立って考え、実際に必要なことで上司の手が回らない、あるいは不得手なために放置されている部分は、自主的に埋めていくべき立場にある。

上司と自分は〝合わせて一本〟になるよう、相手の上司の人物に合わせ、自分の成すべきことを相手ごとに決めて行動する必要がある。

◇――コミュニケーション

経営全体の情報や上司の方針、指示などは、これを正確に受け、部下の人びとに伝達する。伝える直接の内容だけでなく、**なぜそうするのかの背景や理由**、あるいはそのことについての会社全体としての意味を、よく知らせておくことの重要さは、前に述べた。

いまは経営をめぐる環境が錯雑してきており、変化も早いために、第一線では状況に合わせた機宜《きぎ》の処置を応用動作でやらねばならないことが増えており、諸決定の意味そのものものをよく理解してもらっていないと、問題が起こりやすい時代となった。

自分の担当部門内部の状況を常に的確に把握し、これを上司に手際よく伝え、その判断の誤りがないよう補佐することの重要性も、さらに増しつつある。とくに注意を要するのは、悪い報告。失敗やトラブル、事故その他の悪い知らせを、上司に迅速に伝えることである。

2 対同僚・外部

ここでいう同僚とは、社内の他部門で、自分と同じような階層で仕事をしている幹部を指し、外部とは得意先、仕入先、金融機関、官公庁、労働組合など、自分の業務上関係を持つ社外の人びとをいう。

同僚や外部は、マネジャーが協力を受ける相手であるとともに、改革などにおいてこちらから説得し、協力を受けるべき重要な対象である。したがってここでも「信頼感」、つまり相手が自分をよく信頼してくれる関係を、平素の努力によって培っておく必要がある。

他部門の協力を得る基礎となるのは、まず**平素の連絡の緻密さ**だろう。連絡の不確かさやタイミング遅れは、容易に不信感とセクト主義を育てる。相手はこれを自分が無視されたと受けとり、相手の自己中心主義と考え、協力の心を失う。

第二の問題は、相手への**平素の協力度合い**である。相手から頼まれたときに誠意ある努力をしていなければ、自分が必要とするとき協力を組織することはできない。組織は相互協力によって成り立つ。

第三に依頼には、**先行コンタクト**を必要とする。ある日突然言い出すのでは、相手が準備不足で応じられないのは当然で、協力を希望するなら早期に情報を流し、途中で相談するプロセスを経て正式に依頼せねばならない。

外部との信頼感維持にも、同様のことがいえる。平素よく交流して自分の意図を明確にし、情報を流して理解を得、約束したことは絶対に破らず、改革には十分なリードタイムをとって誠実に協力を求めることが必要である。また外部の機関や組織はそれぞれ異なる行動の論理を持つものだから、この理解にとくに留意を要する。

セルフ・チェック

あなたの他部門との信頼関係は、

❑ 十分で、いつも協力してもらえる。

□ 不十分で、まずこれからやり直さねばならない。

□ 相手による。

第6章

人の管理

部下との関係は、マネジャーの、人の面における中心的課題である。
この課題は、部門内部の正常な人間関係と、仕事を通じて能力を高めることを中心とする「人の管理」と、
部門内部の風土や個々人を変化させる「人の改革」の二つに分かれる。
まず人の管理を考えてみよう。

1 三層の構造

◇——信頼感・動機づけ・育成

マネジャーと部下との間に必要な第一の要素は**信頼感**、つまり部下とマネジャーが互いに信頼し信頼される関係を確立することである。信頼感は人間相互の関係において最も重要な要素だが、人を預かる立場では、とくに大切である。

信頼し信頼される関係は自然に成立するものではなく、とくにマネジャー側からの意識的な働きかけや努力によって、はじめてこれが生まれる。これは決して簡単なことではない。

第二の要素は**動機づけ**。部下に意欲を起こさせ、仕事が面白い状態をつくり、職場で完全に燃焼させることである。男性、女性、パートの人びとにいたるまで、自分の担当する人びとをすべてこのような状態にすることが必要であり、こうした職場をつくることには工夫と、絶え間のない努力が要る。

第三には**育成**。仕事を教え、基本的なしつけをし、以後、逐次新たな能力をつけ、考え方を高度化していく活動である。

育てるとは、要するに相手を変化させることであり、その方法は基本的に、相手の成長段階によって変わる。問題とされる人を立ち直らせて一人前にし、自分と組んだすべての人に十分な自信と能力をつけ、担当する部門から人材が輩出する状態をつくることが、マネジャーの目標である。

◇――三要素の関係

信頼感と動機づけ、育成の三つは、次ページの図のような関係にあると考えられる。やる気が出てきたり能力が上がっていくための基礎条件となるのは、信頼感である。この基盤が不十分なときは、動機づけは効果が少ない。

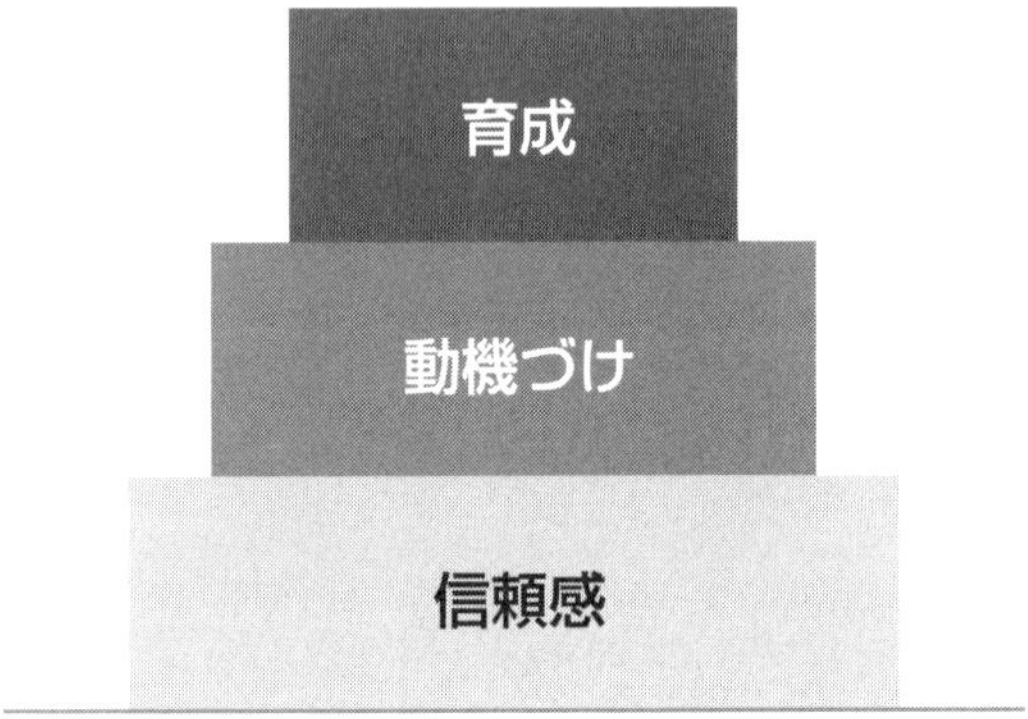

部下がたとえば自分の課長を〃部下の考えたことを自分が考えたように振る舞い、自分の点数ばかり気にする男〃などと思っていれば、努力しても無駄と考えるのは当然である。

信頼し信頼される基盤があってはじめて動機づけのアプローチが有効に作用し、やる気が出てくる。その結果、仕事が面白い状態になり、完全に燃焼する条件ができて、育成のためのアプローチが意味を持つことになる。

人間は、夢中でフル回転する状態のときに変化する。本人はそのとき進歩を自覚できず、あとになって気づく性質のものだが、この状態ではじめて未経験の問題にぶつかっていき、これを克服することによって自信がつき、新たな能力を身につける。

不完全燃焼の状態でいるときは、自分の失敗を上司やまわりのせいにし、自己を正当化することによって自分の変化を自分で妨害する。能力が高まり、考え方がより高度なものになるには、本人の完全な燃焼状態が前提であり、育成のアプローチが有効なものとなる。

マネジャーは、自分の担当部門をこのような立場から分析し、いまどこが問題で、どこからアプローチしていくべきかを正しくつかみ、順序に従ってより高いレベルにもっていく努力を、粘り強く押し進めることが必要と考えられる。

セルフ・チェック

自分の担当部門を人の面から見ると、

- ❏ まだ信頼感が不十分で、基礎工事をしっかりやり直す必要がある。
- ❏ 信頼感はほぼよいが、やる気の水準は不十分である。
- ❏ 信頼感とやる気はほぼ卒業しているが、育成努力が足りない。
- ❏ 三つはほぼ果たせている。さらに能力を高い状態にもっていくことが課題である。

2 信頼感

信頼感は、マネジャーの人の面におけるすべての基礎である。ここではこれを、部下との関係に絞って扱うこととする。

◇──利己的か利他的か

部下との信頼感に最も大きな影響を及ぼす要素は、マネジャー自身の人柄、性格や人間的傾向、パーソナリティである。

これは必ずしもマネジャーに人間としての完全さを求めるものではなく、ものによってはその欠点が逆に魅力ともなるが、いくつかの点において譲れないポイントがある。それは自己中心的でないかどうかということ。部下はこれを敏感に早くかぎ分ける習性を持つ。

嫌な仕事や面倒は部下に押しつけ、目立つ格好のよいことばかりを自分がやる。お金に執着する。部下の手柄《てがら》を横取りする。上に迎合的で下にはうるさい。自分の点数を気にし、点数になりそうなことばかり一生懸命やる、といった現象はその一例である。

部下に対し本当の意味での愛情がなく、部下を仕事の手段のように考える傾向があれば、不信感が生まれる。マネジャーの機能というのは本来、利他的な性格のものであって、ある意味では自分を捨て、部下が将来どこにいようとも、立派にやっていけるだけの人に育てる役割を持つ。

自己中心的な人は、最終的には失敗する。このようなタイプは、もともと人の指導者としての資格を欠いている。

◇仕事への情熱

マネジャーの仕事に対する熱心さ、仕事への情熱もまた、部下との関係における信頼感に大きく影響する。

人は情熱に感応し動かされる。マネジャーが仕事熱心でよく働き、また先へ先へと考え、よく勉強もしていると部下が感じるときは、多少煙ったく思うことはあっても、自分もやらねばと考え、知らず知らず感化を受けていく。一方、出勤が遅かったり、勤務時間中の働く密度が薄かったり、ほかのことに気を奪われて仕事に身が入っていなかったりすると、部下は内心で軽蔑しはじめる。

仕事への情熱は、反面で責任感や役割意識、あるいは使命感が高いことを意味する。これは人を動かしていくことを職務とする人にとって、欠くことのできない資格である。

すべてに前向きで、積極的に困難な問題に取り組み、それを解決しようとする姿勢も、部下の信頼感を高める。変に悟った事なかれ主義であったり、社内遊泳ばかりを心がける人には、結局信頼は集まらないものだ。マネジャーはいかに不遇であっても、また定年まぎわの時期にあっても、自分の信念に基づいて積極的に行動したい。そのときにこそ、その人の本当の姿があらわれる。

◇公私の別と公平さ

公私の別が厳格であることも、部下との信頼関係において重要な要素といえよう。会社の時間と自分の時間を厳密に区別する。公費と私費の区別も潔癖で、仮にも社用族的なことは絶対にしない。私用に部下を使うことをせず、たとえ部下がそれを申し出ても断る。公私の別の乱れはマネジャーにとって致命的なものであり、どこから見ても清潔でなくてはならない。

経営者の公私混同が、容易に歴史ある会社を破綻させることは、日本における企業破綻の歴史を見ても明らかである。経営者がそうならこちらもという悪い連鎖反応が組織をダメにする。これはマネジャーの場合でも同様である。

どの人に対しても公平で偏見がなく、正しく人を遇することも大切だ。人にレッテルを貼りたがり、一度にらまれると浮かばれないように部下から見える人は、未成熟のそしりをまぬがれない。

人間として正直であること。うらおもてがなく、いつも誠意をもって人びとに対すること。自分に非があれば率直にそれを認め、物事すべてに謙虚であることなどは、すべて部下との信頼感に影響を及ぼす要素といえよう。

マネジャーもまた一個の凡人である。しかしここにあげた、自己中心でなく人のために働くこと、熱心さと仕事への情熱、公私の別などは、最低限必要なことといえよう。

マネジャーは、欠点があっても他から明確に指摘されにくい立場にあり、何よりも自己評価能力が重要な職務である。迎合は多く、苦言を呈してくれる人は少なく、意識していないと調子に乗って筋を誤りかねない危険な仕事と考えるのが正しい。

◇上を動かす能力

部下は一般に、自分の上司が組織内で、その上役や他部門に対し、どれだけの説得力や影響力を持っているかということに敏感である。上を説得できなかったり他部門の協力を組織できないと、部下はマネジャーに無能のレッテルを貼る。

説得できないのを上役の頭の固さに帰してみずからを正当化したり、上が許さないなら仕方がないとする人は、部下の軽蔑を招く。

以上とも関連するが、マネジャーに定見がなく、上や他部門からいいように振り回されていると部下が感じるときも、信頼を失う。一度決定したことがよく変わると、部下は落ち着いて仕事ができず、やっても無駄と考えれば、やる気をなくしてしまう。マネジャーは明確な信念を持ち、外部からの障害に毅然として動じない姿勢が求められる。

◇――周密なバックアップ

部下の状況によく通じ、誰がどこで困っているかを常に把握しており、部下が独力で乗り越えにくいところをバックアップして成功させること。この活動の重要さは、環境づくりの項で述べた。部下から見ると、激励はするが最後まで面倒をみてくれないマネジャーの話には、危なくて乗れない。そして部下の一人でも、マネジャーがカバーできずに〝玉砕〟させたということになると、不信が一度に集まる。

部下の働く場の状況をよく知っていること。環境の変化があったとき、そのためにどこでどのような問題が起きそうかをつかんでいること。自分が出て応援すべきか、それとも見守って独力で乗り越えさせるべきかの判断が的確であること。必要なときは行動が迅速で、決してタイミングを逸しないこと。これらの心がけは、部下との信頼関係を支配するものである。

部下がマネジャーを信頼するか否かを支配する要因は、このほかにもいろいろあるだろう。また一度は信頼されていたのに、ある出来事を境にして不信の眼を持って見られるようになることもある。

基本的には、マネジャーの人柄が信頼感の支配要因だ。**部下から見ると上役はまる見え**であって、隠しようがない。信念を持って自分が人間として正しいと思うことをやることに、すべては尽きる。

セルフ・チェック

あなたと部下の信頼関係について、もっと努力をしなければと思うことは（複数チェックも可）、

- ❑ 自分の人柄への反省と行動の変容
- ❑ 上や横への説得力強化
- ❑ 部下に対する周密なバックアップ

3 動機づけ

◇部下に働きかける

動機づけとは、部下に働きかけて意欲を奮い起こさせ、全員が仕事に、完全に燃焼する状態をつくりあげることである。

動機づけの第一の意味は、マネジャーが部下一人ひとりまたはグループ全体に対し、**なんらかの働きかけを行うこと**といえよう。

この働きかけには、直接的なものと間接的なものとがある。直接的な働きかけとは、たとえば話し合ってやる気にさせる、ためらうものを励まして行動に移させるといったもので、部下に対しなんらかの行動を起こすことを求め、行動を促す。

間接的な働きかけとは、このような直接的なものではなく、やる気の起こるようななんらかの仕掛けや仕組みをつくり、それによって自主的に行動が起こってくるよう仕向けることを意味する。共同の目標を決める。給与上で刺激的なシステムをつくる。働く気持ちを阻害している要因を取り除く。マネジャーが先頭に立って働き、職場の空気を変えるなど、いろいろなものがある。

やる気を起こさせるには、いずれにせよマネジャーがなんらかの働きかけをしなければならない。じっと座っているだけでは、意欲は生まれない。

動機づけの第二の意味は、個人個人が、自分の担当している仕事が面白くて仕方がないと思う状態をつくりあげることである。仕事が面白いと思えば一生懸命になり、万事に積極的に動き、それを自分の負担とは感じない。働くことがリズムともなり、それが働く楽しさを感じる源となる。

嫌な仕事と思えば、少しのことでますます嫌悪感を深め、行動は消極的拒否的となり、困難なことを避けようとし、仕事に身が入らない状態となる。

◇──決めつけない

日本の社会では極めて少数例外の人を除き、〝働く気持ち〟や〝やる気〟は、もともと誰でも持っている。たとえば新しくある組織に入ったときは誰でも、できるだけ努力して仲間からも信頼され、職場で不可欠の存在となりたいと考える。

しかしそれから年月を経たいままでは、必ずしもやる気があるとは思えない状態にあるとすれば、その人にやる気がないのではなく、もともと持っていたやる気を阻害する条件が作用し、いま発揮できていないのにすぎない。消極的であった人が、上司や仕事が変わったり、仲間が変わったりした途端に再び活気を取り戻すことは、日常よく見るところである。むろんわずかな例外はあるが、やる気が見えないほとんどの人は、本来のやる気に雲がかかって見えないのにすぎないといえよう。

人びとの意欲を正常に発揮させる障害になっている因子には、さまざまなものがある。

上司が不公平で、自分がいつも不利な目に遭っていると思っている。上司が信頼できず一生懸命働くのは意味がないと考えている。基礎的訓練ができていないので何をやってもうま

くいかず、自信がなくて消極的になっている。買いかぶられて能力以上に難しい仕事を与えられ、いつまでも応援してもらわないとできないので自信がない。指図されたことを機械的にやった経験しかなく、仕事の面白味を知らないので積極的になれない。

私生活でトラブルがあり、仕事が手につかない状態にある。仕事以外の何かに気を奪われて上の空というケース。病的な問題で会社に出てくること自体に抵抗があったり、失敗で万事に防衛的になったり、被害者意識が強くなったりする。職場で組んでいる相手が嫌で、顔も見たくないので燃えないこともある。動機づけとは、これらの障害を除き、本来の正常な意欲を再び発揮させることである。

人はそれぞれ異なる。障害因子も人により、また同じ人でも時期によって違うものだが、個人別によく観察して正確に障害因子をつかみ、必要な手を打っていく。

マネジャーは日常いろいろな緊張のなかにいるため、思うようにいかない人を短兵急《たんぺいきゅう》に決めつけ、頭からやる気がないと決めてしまうケースがある。しかしこれは誤りで、何かの原因が相手の人に作用し、その結果やる気が正常に出てこない状態になっていると考え、いかにしてその障害因子を発見し排除するかと考えるのが正しい。そしてこの点こそが、マネジャーとしての腕の振るいどころということができる。

セルフ・チェック

あなたは、部下のやる気について〝かれはこうだ〟と決めつけるタイプですか？

❑ まあ、決めつける方だといえる。

❑ どのような人にも決めつけることはなく、障害を探していく。

❑ 決めつけはしないが、特定の人に対しては、そう思わざるを得ないことがある。

◇自分の癖の修正

動機づけの第一の前提は、部下の信頼を十分に得ることである。部門内の意欲に問題があると感じるときは、まずこれをチェックしなくてはならない。

第二に必要なことは、部下の意欲を問題にする前に、マネジャー自身に、部下の意欲を失わせるような悪い癖がないか、がっくりさせた出来事がなかったかどうかを、自分で点検することである。

マネジャーも人間であり、いろいろな癖を持っている。そしてそのなかには部下をがっくりさせ、行動を消極的にし、下から盛り上がってくる自主的な意欲に水をかけ、やる気をなくさせる類の悪癖がいろいろある。

部下の火を消す悪癖もさまざまである。たとえば小さなミスに対してでも厳格で、失敗しないことを重視する人の下では、皆が萎縮してやる気をなくす。これは別に口やかましくしなくとも、問題が起こるたびにマネジャーが〝顔色を曇らせる〟だけで十分である。そしてさらに部下の創意や新しい試みに関心を示さない傾向が強いならば、全員を萎縮させるのに手間はかからない。

部下から見ると悪い癖を持つマネジャーは多い。試みに自分の上司や先輩などを思い浮かべれば、これは明らかである。もし自分に思い当たらないなら、それは単に自分が知らないのにすぎないと考えるのが安全だろう。

M氏は際立った癖を持っていた。部下が何か失敗をすると本人を呼び事情を聞き、そしておもむろに舌端を開く。「結局きみの不注意だ。もっと緻密に、落ちなくやってもらわんと困る。だいたいきみの不注意は、いまに限ったことではない。三カ月前にもこれと同じこと

があった。去年の暮れにもこうだった……」。この調子で、M氏は以前のことを、次から次へと引合いに出して叱る。

これでは当の部下はたまらず、大抵の人間は気落ちしてしまう。M氏はそのとき気づいていながら黙って自分を見ていたのか。これではもう浮かばれないと、気の弱い男なら観念してしまう。

M氏自身は真面目なタイプのマネジャーで、日常ポンポンと注意を与えるのはあまり効き目がないと考えている。したがって〝記憶を貯蔵〟し、適当と考える機会があると、ダムにたまった水を一挙に放水する。それほど感情が激発するタイプではないので、我慢しきれなくなって八つ当たりするというのではない。しかし部下は、M部長はこわい人で油断ができないと考えており、部下は万事につけて慎重すぎるくらいにならざるを得なかった。

M氏と話している間に次のことがわかった。かれは営業部長になる前の企画課長時代に、部下に一人の問題児がいた。力はあるのだが、一人で独走ばかりしてチームで仕事ができない。その人と組み合わされることを仲間が嫌い、孤立していたのだそうである。

企画課長であったかれは何度か注意したが、効き目がない。これは自分の手に負えないと諦めて言うのをやめたが、目の前で同様のことを何度も起こす。何度目かにたまりかね、我を忘れて、これはいったいどういうことだ。いい歳をして何度言ってもわからんのか。この前もこうだった。その前もこうだったと叱ったのだそうである。

相手は課長の見幕《けんまく》にショックを受けたのか、このとき以降直ってしまったという。M氏はこの教訓から、〝人間の癖というのは簡単な注意では直らぬ。このやり方でなければダメだ〟との信念を固めたのであった。

この話には大変重要な教訓が含まれている。マネジャーには、人の使い方の教科書がなく、大抵は自分の経験から人使いのノウハウを自分でつくりあげていく。あることで成功すればそれが正しいと信じ、失敗すればこれはダメだと考える。要するに狭い自分の経験のなかで自分の信念は固まっていくことになる。したがってM氏のように、一般性がなく例外的な成功であっても、これでよいという考え方にもなる。それが部下の方から見れば悪い癖ということになり、また始まったと思われるもとになる。

こう考えれば誰でも、修正を要するような悪い癖を持つ可能性があるのは、当然ということになろう。

企業や各種の組織のマネジャーには比較的共通の悪癖が存在しているように見える。

それはほめも注意もせず、部下とは単に仕事上のやりとりしかしない型の人が増えていることだ。上司が自分をどう見ているかということには誰でも関心があるが、うまくやってもやらなくても上司が無反応だと、はじめ不安に感じ、ついで人間としての自分に関心がないのだと考えはじめ、不信を抱く。

部下の行動に対する上司のレスポンスは管理の基本である。ほめられたり注意されたりすることによって職場の価値観が決まる。いまの部下は意識が高く、仕事上のやりとりだけでその人の人間性については何も言わなければ、これは逆に不信を招きかねない。

心の底で〝仕事さえうまくいけばよい。部下とは当たりさわりなくやっていければよい〟という気があると、部下からすばやく見透かされる。部下のことをよく考えていても、明確な反応を示さないと部下は燃えてこない。ほめも注意もしないのは、一つの重大な悪癖ということができよう。

セルフ・チェック

❏ 自分は部下のやる気をなくさせるような悪い癖を持っている。

❏ とくに思い当たらないが、部下の方から見ると、あるかもしれない。

❑ そんな癖はないといえる。

◇人を長所から見る

動機づけのためのマネジャーのアプローチには、一人ひとりに対するものと、グループ全体に対するものとがある。

個々人に対する動機づけにおいてマネジャーがとくに心がけるべき第一のことは、部下の人びとを長所から見る習慣を身につけることである。

マネジャーは多忙で厳しい環境にあるため、初対面の部下に対するとき、ややもすると相手の短所をまず感じることが少なくない。一緒に働いている人の間での気持ちの伝わり方は微妙なもので、マネジャーがその短所を感じると、相手も何となく気まずい感じになる。

大事なのは人をその長所から見ることである。人間の美点を積極的に評価してその可能性を肯定するところから、すべてははじめる。そうしたマネジャーの認識は、部下を勇気づけ、未知のものへの積極的な挑戦を生む。これはマネジャーにとって基本的に必要な姿勢であり、部下の人柄や能力を嘆いたり、あるいは冷笑したりする態度からは何ものも生まれない。

初対面の部下に欠点を感じたときは、まずそれを心のなかで打ち消し、改めて相手の長所を意識的に発見することが必要である。長所は誰にもある。そしてこれを**必ず口に出してほめること**。

新しい上司に対したとき部下は一種の緊張のなかにあるが、この一言が当人の緊張を解き、部下は認められたことでこれはやらねばと考える。これは個々人とのつき合いの最初にあたって極めて重要なことで、これによってまず心が通う状態からスタートすれば、あとはいくら注意してもよく聞いてくれることが多い。

思っていても口に出して言わねば、それは思っていることにはならない。必ず口に出してほめることによって心が通いはじめる。人間関係はすべて、その最初が大切である。

◇――仕事を面白くやる指導

職場にはいろいろな仕事がある。誰がやっても面白そうな仕事もあれば、誰も好まない仕事もあるように見える。しかしさらに重要な認識は、仕事というものは**本人の考え方次第で、面白くなったり嫌になったりする**性質を持つということだ。

同種の仕事をしていても、それに熱中する人と、嫌々やっている人とがいる。この意味で仕事の面白さとは主観的なものである。そして〝主観的に面白くなる〟には、仕事への取り組み方の方法というものがある。いま仕事が面白く、それに熱中している人びとは、経験を通じてそれを会得している人たちである。

仕事を面白くやる方法には、代表的なものが三つあると考えられる。

① 自主性——仕事の主人公になる

その第一は、人から指摘されてはじめて動くという態度を止め、自分から言い出し仕事を動かしていくという姿勢に、自分を切り替えることである。遊びごとやスポーツは楽しいが、これは自分で自発的にやるから楽しいので、命令されてやるのでは楽しくはない。仕事も同様で、指図されてやるのは面白くなく、自分で言い出してやるのは楽しい。

これは自我の確立した近代人が面白さを感じる基本要件で、自分からまわりに働きかけ、仕事を動かしている実感があれば、それはやりがいを生む。自分はまわりを動かす余地がなく、ただルールどおり、あるいは言われたとおりに動くだけという状態からは、決して働く喜びは生まれない。これはとくに、新人の人びとにとって重要である。仕事に使われるな、仕事の主人公になれ、仕事に馬乗りになって自由に仕事を動かせということをしっかり教え込み、これによって仕事の面白さを早く味わわせることが大切と考える。

② 計測——スコアをつける

仕事を面白くする次の方法は、自分の仕事の成果を測ることである。スポーツや趣味、遊びには必ずスコアがつく。自分が考えて打った手の結果が点数としてどうなったかを測り、スコアを考えながら次の行動を決めるのは楽しい。

営業担当者にとって売上や回収率、経費率などは、自分のスコアである。工場でいえば不良率や納期、一人当たりの生産量その他も同様で、自分のスコアを自分でつけ、それをもとに仕事を工夫し、実行した結果でまたスコアをつけるという繰り返しの面白さは、ゲームも仕事も変わりはない。自分で考え、工夫して結果を見、さらに工夫する繰り返しが面白さを生む。

測りにくく見える仕事でも、工夫して仕事を測る習慣をつけるのがよい。一般には管理

仕事を面白くする

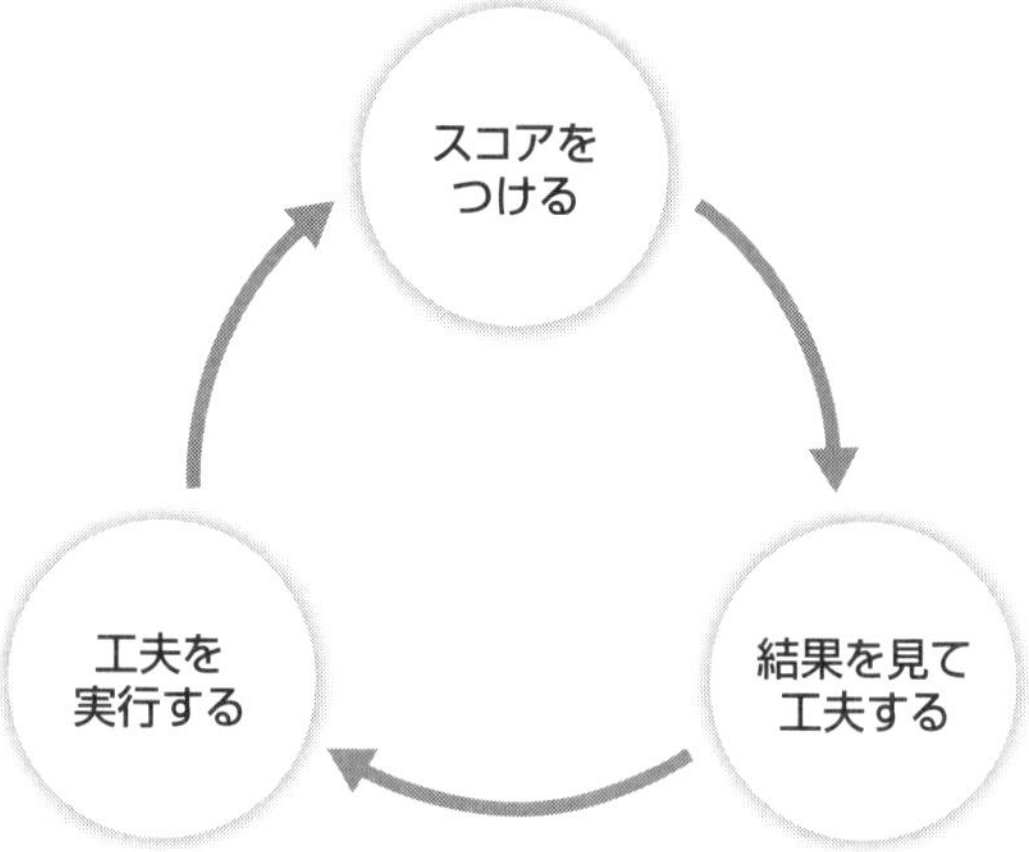

部門、事務部門の仕事は測りにくいとされているが、それはライン部門のような総括指標がないだけで、個別には測れるものがたくさんある。

ただこのスコアにはスポーツのようなルールがなく、ルールは自分でつくる点が異なる。できるだけ部下の人びとに自主的にスコアのつくり方を考えさせ、難しいならマネジャーがルールを助言することが望ましい。

③　目標追求

仕事を面白くする第三の方法は、自分の仕事の目標を決め、それを追求することである。

囲碁では相手に何目おくなど、最初にプレイの条件を決め勝負を争う。勝てば面白いし負けても途中の工夫は楽しい。

仕事でのハンディとは、自分で決めた目標である。本当は同業他社で同じ仕事をしている人とハンディを決められればよいが、それは困難だから、自分でいつまでにどんな状態にする、という目標を決め、この目標と勝負をする。

目標は、達成のために工夫し、成功したり失敗したりするプロセスが面白く、一度達成すると、それは色あせ面白くないものとなる性格を持つ。したがって常時面白い状態を保つには、目標達成の見込みがついた時点で、直ちに次の目標を設定する習慣を持つ必要がある。つまり自分を常にプロセスのなかに置くわけだ。

若い人びとに対し、仕事を面白くやる方法を会得することは自分の一生の重要問題であることをよく教えることが、マネジャーとしての責任を果たす道であるといえよう。

◇役不足感の排除

人はある仕事を担当させられたとき、〝こんな仕事を自分にやれというのはひどいじゃないか〟と、役不足を感じることがある。このときは、自分の能力を低く見られたという不満が出て、積極的な意欲がなくなりやすく、逆に与えられた仕事が自分にはできるかどうかと思うほど高度な仕事であるときは、自分の能力を信頼してくれたと感じ、それを何としても成しとげようと積極的に努力する傾向がある。

これはマネジャーが部下の仕事の担当を決めるとき、注意すべき大切なことを教えている。ある人の能力と、その人が担当する仕事に要する能力との関係では、常に仕事の方が重い状態にする必要がある。

◇──達成をともに喜ぶ

部下のやる気は、仕事を面白く思うところからはじまる。仕事が面白くなれば自分で仕事のなかへのめり込んでいき、完全に燃焼する。

仕事が面白くなる源泉は、難しい仕事にぶつかり、自分で工夫し努力した結果、それを成しとげた**達成の喜びを、自分で味わう**ことにある。マネジャーは部下を指導して問題に取り組ませ、自力でそれを達成するよう誘導し、それに必要な応援をするが、重要なのは、かれがそれを成しとげたときのマネジャーの行動である。

マネジャーは部下とともにそれを喜び、努力をほめることを、その都度正確にやることが大切である。プロジェクト業務のときは、それが終わった都度反省を兼ねた検討を同時

横と縦の分業

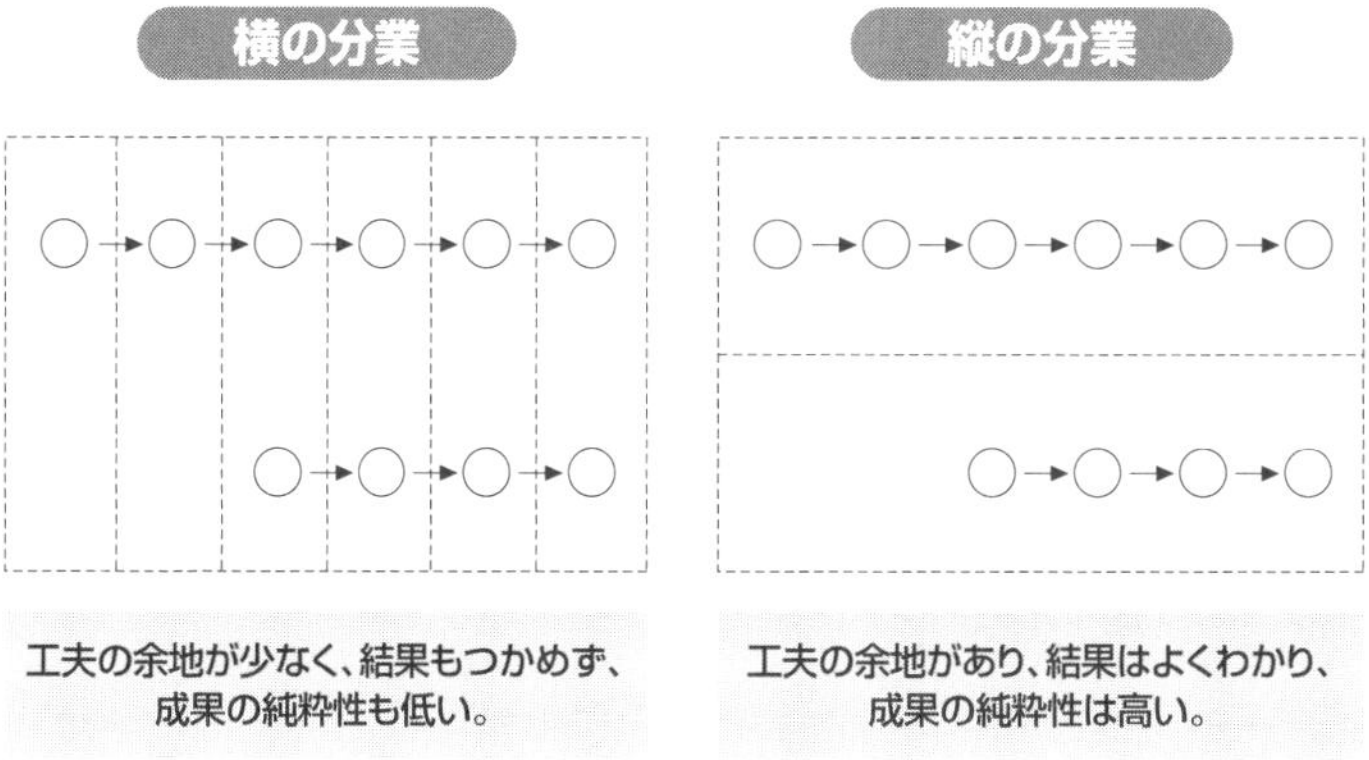
横の分業
縦の分業
工夫の余地が少なく、結果もつかめず、
成果の純粋性も低い。
工夫の余地があり、結果はよくわかり、
成果の純粋性は高い。

に行うことが必要であり、プロジェクト仕事でなくとも期間が一段落したところで、一緒に振り返って検討する習慣が大切である。

達成をともに喜ぶ習慣は、仕事の面白さを深く感じさせる作用を持ち、かつ力を合わせて何かを成しとげた過程で同志意識が生まれ、互いの信頼感が深まる作用をする。

◇達成感ある分業

一般に職場での仕事の組み合わせ方や分業の方法は、仕事の魅力度を大きく支配するものである。

人間は仕事のプロセスのごく一部だけを担当する横の分業からは仕事の面白さを感得しにくく、計画から実行、結果までを一人で受け持つ縦の分業の方が面白さを感じやすい傾向がある。コンベア作業がその典型で、ある工程で標準以外のことをやると他に迷惑がかかり、工夫の余地は少ない。さらに個々人の成果は混同してあらわれ、自分だけの成績はわかりにくい。

達成感の得られやすい仕事の単位にする方法は、こうしたプロセス分業をできるだけ避けた分担の仕方を考えることであり、企業でいえば個人個人の損益計算ができるとよい。自分を測りにくければ、ゲームにはならない。

ただしこの種の一貫分業は、異種の職務を複合化するため高い能力を必要とし、準備不十分の仕事の転換は問題を起こしやすい。部下の能力を測り、複合度の低い分業から段階的にこれに進む必要のあることも珍しくない。

◇小集団活動の支援

ここでいう小集団活動とは、人びとを少人数のグループに分け、グループごとに話し合って課題を設定し、原因を分析し対策を出し合い、グループの目標を決めて、自主的にその達成のための対策をグループで進め、その結果を反省し、さらに新たな目標に向かって動く活動を指す。

小集団活動を全社運動として行うものに、ZDグループやQCサークル、自主管理活動、あるいは会社ごとに特定の名称を持つ各種の社内運動がある。これらはすべて小集団活動の概念に属するもので、一人ひとりの仕事を面白くし、チームワークを向上させ、働く喜びを高める作用をする。

その原理は、大組織のなかでは自分の組織への貢献を認識しにくく、疎外感が生まれやすいが、少数のグループのなかでは自分の提案が実現し成果に直結することが認識でき、自分の存在意義が確認できることにある。この方法はどの種の組織でも採用できるだけでなく、前述の達成感ある分業が難しい職種の職場において、とくにやる気を補完する重要な意義を持つ。

マネジャーは、会社としての社内運動の有無にかかわらず、自分の発意で部門内に小集団活動を導入し、これを動機づけの強力な方法として推進することができる。これは本来、マネジャーの基本的な機能である動機づけに関する活動であって、マネジャーがこれをよく知り、その推進に熟達していなくてはならない。

マネジャーの小集団活動における主要な役割は、グループ活動が成功し、ダイナミックなグループに変貌するようにサポートし、その環境づくりを行うことである。グループの内部に干渉はしないが、うまく機能しているか否かの実態は正確に把握していなくてはならない。

そのためマネジャーはまず、自分がこの活動に重要な関心を抱いていることを明らかにしておく必要がある。全員の前でときどきそれを強調し、ときにグループの会議を傍聴し、社内発表会にもこまめに顔を出し応援する。うまくいかないグループをよく研究し、障害になっている点をつかんでテーマや目標、方法やリーダーなどについて、必要な助言や誘導をする。

グループ内部の方法に関することには、口出しをしないが、必要な助言はする。要するに各グループが活発に活動する障害になるものを一つひとつ取り除いて活動しやすくする条件を整えるのが、小集団活動におけるマネジャーの役割だということができよう。

4 育成

◇人を育てる

ここでいう育成とは、仕事を通じて部下の能力を向上させるマネジャーの活動を指す。

われわれは、まず先輩に教えられて仕事をスタートし、ある期間を経ると、次には人を教える側に回る。こうしてすべての組織で活動が継承され、今日にいたっている。育成の機能は組織のなかで、より根源的なものだといえよう。

マネジャーは一人ひとりの部下に対し、いままでできなかったことができるように導き、部下が毎年、新しい能力を獲得し、能力領域を広げていく状態をつくることを要求される。

〝新しい能力〟にもいろいろある。従来の担当業務が一応十分できるようになったので、その仕事に隣接する仕事を新しく勉強させ、マスターさせるケースもあるし、まったく未経験の分野に移し、それを克服して新しい能力をつけさせることもあろう。いままで一人でやってきたが、今度は人を使って仕事をすることを習得させるというのもある。要するに部下を、新しいことができるようにするのが育成の意味である。

◇――相手のために

育成の目的は、部下の人生に対するマネジャーの責任を果たすことにある。自己の欠点を部下に伝染させたり、過度の指図によって部下が自分で考える能力を奪ったりすることは許されないし、短い在任期間をフルに部下の能力向上に活用することは、マネジャーの最大の責任である。

自己の利益のために手段として人を育てる人がある。これにはその意識もなく単純な支配欲にかられているケースから、意識的に派閥を形成し、勢力を拡大しようとするケースまでいろいろある。こうした発想にはおのずから限界があり、いつかは部下や上司、同僚の信頼を失う。〝自分のために〟人を育てようという考え方は、育成を考える場合、出発点から間違っている。

人を支配するために、〝能力向上という恩〟を売るのではない。部下の一人ひとりが順調に能力を伸ばし、その能力が他からも信頼され、仕事や生活での充実感が常に得られるようにするために育てるのである。その結果、部下はマネジャーを徳とし、信頼する関係ができてくるかもしれないが、そのために育てるのではなく、またその結果を利用すべきものでもない。

人を育てることについては、育てる心と、育てる技術の二つの面がある。そして育てる技術に熟達していても、育てる心に誤りがあれば、何にもならない。

人を育てるのは、あくまでも部下本人のためにやるのであって、マネジャーが自分のためにやるのではないということを、まず銘記すべきである。

H氏は、課長になるまでは、どちらかといえば平々凡々たる存在だったが、課長就任後の数年目、当時の主力製品の売上減少に対する有力な決め手として取り上げられた新事業の第一線幹部となって頭角をあらわし、新事業を軌道に乗せるのに主役を演じた。商売上手なだけでなく、人を育てるのもうまいとの評判で、事実かれと一緒に何年か仕事をすると、すっかり人が変わったように成長する人が何人かいた。かれは取締役となったが、そのまま順調

に同社での経営者としての道を進むことなく、小さな会社の役員として転出し、やがて退職した。後年、当時の社長であった人からの回顧談を聞く機会を得たとき、次のような話を聞いた。

「かれは、いわゆる切れ者で、力もあるし知恵もあるが、しかし人の育て方には問題があった。自分についてくる人は大切にするが、そうでない部下には冷淡で、選り好みが激しかった。かれの言うことを聞く人にばかり力を入れるし、自分の下から他の部門へ転出を希望する人に対しては適当ではない当たり方をした。腕はあるし惜しい人だったが、あのように自分本位の人物は、経営者にはできない」と。

◇農業思想

育成とは、部下の能力を向上させることである。

そしてこれは、マネジャーが力づくで自分の意図する状態に人を当てはめようとすることではなく、部下が成長しやすい環境をつくることによって、自然に成長させることだといえる。

米国の経営技術の一つに、MDP（Management Development Program）というのが

ある。これはマネジャーの各職位に必要な条件をそれぞれ明確にし、一つのポストに複数の候補者を決め、各候補者の現能力を棚卸しして職位の条件と比較し、不足能力を訓練し追加することによって、幹部の育成を行うものである。

これは人間を欠点のある部品とし、これを訓練という手直し加工によって完成品とする考え方にも似ている。しかし人間は部品のような無機物ではなく、自律的に能力を成長させる生命体である。

育成とは人間の本来持つみずから伸びる力を援護し、障害を取り除いてその力を最大限に引き出すことを意味する。ＭＤＰのような〝工業思想〟ではなく農業思想であって、土を耕し水をやって芽を上手に出させ、若木に風よけをして弱い時期の挫折を防ぎ、風雨にさらして強じんなものにし、その生命力を自在に伸ばす。文字どおり育てることを意味する。

特定の職務要件を決め、それに人を当てはめようとしても、職務要件そのものが大きく変化するいまの時代では、型にはめる育成活動では意味がなくなる。育成とは農業活動であり、年月をかけて一人ひとりをたんねんに成長させることである。

ＭＤＰの持つすべてを否定しているのではない。このシステムは職務の不分明な日本の方式に対し、有益な示唆を含んでいる。

◇未経験への挑戦

育成とは要するに、人の伸びやすい環境条件をつくって人を変化成長させることだが、未経験の仕事に部下を挑戦させ、克服して自信をつける方法は、その代表的な環境設定の一つである。人は未経験の仕事に直面して緊張し、それを全力で克服しようとする過程で変化をとげ、その達成によって自信を得、自他ともに認める新たな能力を獲得する。

これには三つのケースがある。その第一は、それぞれの部下の現在の職務での能力成熟度を観察し、マンネリになる前に、絶えず未経験の仕事を追加していくことである。

第二には、ときどき内部で担当替えをすることによって全面的に未経験の職務につけ、新しい仕事で成熟をはかることである。

第三はこうして育てた人びとを積極的に他部門へ送り出し、さらに未経験の仕事につかせてその成長を期待することである。

担当替えや異動のタイミングには、注意すべきことがいくつかある。その一つは、かれがいままでの仕事で十分な学習を終え自信がついたか否かである。仕事が十分に身につかないうちに他に移され、いつまでたっても自信がないという人がいる。上すべりのままで他の仕事に替えるのは、本人のためにならない。

あるポストから他に移すタイミングは、早すぎても遅すぎてもよくない。早すぎると上すべりになって、いまの仕事が身につかないし、遅くまで同じポストにおくとダメになる。マネジャーとは、この部下一人ひとりについて未経験の仕事につけるタイミングを測り、かつ仕事がうまくいくよう調整する人だといえよう。

自分が楽をするため、熟練した人を部門外に出すことを嫌う人は、こうしたタイミングを測る以前のマネジャー失格者である。有能な部下を転出させるのはつらいことではあるが、慣れていない後任者をバックアップし指導して、それを早く一人前に育てることこそマネジャーの任務である。育ってしまった人の上にあぐらをかき、楽に仕事をこなしているのは、その部下を劣化させながら自分の負担を減らす利己的な姿にほかならない。

マネジャーの心意気は、一生懸命部下を育て、よく育った優秀な人から順番に他部門に送り出し、また引き受け手のない人を喜んで預かり、自分の力で少しでも変化させるように努力することにあろう。

◇──模範としてのマネジャー

マネジャーが部下の育成を考えるときにまず必要なことは、自分に部下をダメにするような悪い性癖がないかどうかを検討し、自分に対して必要な措置を講じることである。

部下が育たないタイプのマネジャーは、どこにもいる。すべてを細かく指図して部下に考える余地を与えず、受け身の人間をつくって、その思考力を圧殺する。同じ仕事を長くやらせすぎ、他の能力の開花を妨げる。部下に直させるべき癖や考え方があるのに注意をせずに放置する。動機づけがまずく部下の意欲を失わせ、部下の興味をわき道にそらせてしまう。これらはすべて部下を逆に劣化させる極めて重大な悪癖である。

部下は、無意識のうちに自分の上司を真似るものである。これは一般に年長者や経験の多い人がマネジャーとなる日本の習慣のなかでは、とくに強い。

部下はマネジャーの日常行動を、一見、見ていないようでいて、実によく観察している。

よいことも真似るが、また適当でないことでも、あの程度はよいのかと真似をする。部下はマネジャーの後ろ姿から、その背中から学ぶ。部下を立派に育てたいならば、まず自分が部下に望む姿を自分で実際にやってみせることである。自分がやっていないで、部下にはそれを要求するのでは、筋が通らないし効果はない。

まず自分の姿から正し、どこを真似されても大丈夫なように、毎日の行動を正していきたいものだ。

セルフ・チェック

あなたは部下から、後ろ姿を学ばれても大丈夫だと思いますか。

- ❑ 大丈夫だと思う。
- ❑ 日常の行動自体を、よく考え直してみたい。
- ❑ 部下は部下、自分は自分だ。

◇仕事即育成

マネジャーにとっては、仕事を進めることは即ち部下を育てることであり、育てることは同時に、ともに仕事をすることである。ここでいう育成とは、仕事から離れた場で部下を教育することではなく、あくまでも仕事のなかで自然に考えが成長し、能力が上がってくるようにするためのマネジャーの機能を指している。

このことは未経験の仕事に挑戦させる例からも明らかである。部下の担当を決めることは日常のルーティン・ワークの一つだが、そのときにどれくらい育成効果を考えて仕事を割り当てるかが問題である。

つまり、これは仕事そのものであり、その担当の決め方が上手なら人は育ち、配慮が足りなければ人は育たない。したがってあるマネジャーの下では部下は急速に能力を伸ばすが、あるマネジャーのもとでは十年一日、単に歳をとるだけの部下ができる。育成能力とは、要するにこうしたもので、マネジャーのすべての仕事に育成の配慮が必要とされる。

仮にマネジャーが部下の一人に、何かの問題について案をつくるように頼み、部下が案を

持ってきたとする。ところが、その内容がダメで、相当に修正をしなければならない部分があった。このようなケースではマネジャーは何と言うか。ここに二つのモデルを示す。

A 片づけモデル……直ちに個々に直すべきところ、削除追加すべき詳細を具体的に指示説明し、すぐ直して持ってこさせる。

B 育成モデル……この案件がいつまでに終わればよいかを考え、たとえば明日の昼まででよいなら、相手の考え方のまずい点だけを言い、相手に一晩考えて書き直すように言い、明朝それをディスカッションする。

この二つの方法は、いずれも期限までに仕事を終えさせる点では同じだが、Aの方法はすべて仕事を片づけることが優先している。仕事は片づくが、これでは部下の教材としては生きてこない。Bの方法は仕事も片づくが、その片づくプロセスが最大限に部下の能力開発に利用されているといえる。ここでは「仕事」と「育成」が、同時に一体となって進行しているわけである。

Aモデルのような、単に仕事が片づけばよいといったことではなく、その都度部下がよく考え、仕事そのものを教材として、部下に上手に勉強させる機会をいつも仕事のなかにつくり出す。育て上手な人というのは、あらゆる機会をとらえて無意識のうちにこれをやっている人である。

◇――やってみせる育て方（新人）

部下の育成には、相手の階層や成長の段階ごとに異なるアプローチを要するものである。新人または一人前以前の部下に対する育成の基本的アプローチは、〝やってみせる育て方〟にあるといってよい。

仕事を全く知らない新人の育成は、まず経験上現在で最もよいと思われる方法（標準）を、そのまま新人に教えることであり、それにはまず、

①　先輩がその仕事をやって見せ、質問に答え
②　次に新人にやらせ
③　その結果についてコメントをし
④　さらにやらせてコメントをする

という手順で、手をとって教え込むのが標準である。

これは本人に任せて慣れさせるのと全く正反対の考え方で、新人には任せるという名

の〝放置〟をすべきではない。新人は何も知識がないため、手本もなく手さぐりで仕事を習うのでは、なかなか一人前にはなれず、効率も悪い。自信もつかず不安も起こる。そこで最初から最もよい方法を教え込んでしまい、少なくともその仕事では早く役に立つようにする。業務管理の項で述べた標準化マニュアル化は、新人の育成期間を短縮する手段でもある。

新人には数年先輩にあたる人を個人別に教育係として決め、一年なら一年に限って育成の主任者としてマン・ツー・マンで指導する体制をつくるのが普通である。この方法は、新人の教育に当たる人自身にも教育の効果が働き、かつ全人的な接触から、新人に対する指導の欠落をなくすことにも通じる。

太平洋戦争で連合艦隊司令長官であった山本五十六大将の歌は、よく知られている。

やってみせ
言って聞かせて　させてみて
ほめてやらねば人は動かじ

◇──仕事が面白くなるまで

新人は普通、全社的な導入教育を受けてから各部門に配属されることが多い。各マネジャーはそれを受けて職場に適応させ、まず一つの仕事をマスターさせ、さらに他の仕事を同様の方法で教えていき、仕事に自信をつけさせる。新人の教育は配属されたときからはじまる。集合教育をもって教育は終わり、あとはこちらが使うだけというのは、とんでもない錯覚である。

マネジャーは新人の育成に関し日限を切り、その期間中に習得させる仕事の種類を決めて教育係に渡すのがよい。そして新人の職場訓練は、こうして基礎的な仕事をマスターさせるとともに、今度はそれらの仕事を工夫し改善し提案するという積極面までを体験させて終わる。いわばきちんと教育目標を立ててこれを行うことである。

要するに新人の育成は、仕事のやり方だけを教えるのではなく、工夫や改善を通じて〝仕事の面白さ〟までを教え込まねば終わらないものだといってよい。これは非常に重要なことで、これを一人ひとり確実に卒業させるなら、その後の動機づけのための苦心は非常に少なくなる。

学卒の新人だけでなく、中途入社の人についても、いまの仕事については〝未経験〟の人びとにも、基本的なアプローチには別に変わるところはない。やはりやってみせ、それを習うというプロセスが必要であるが、本人のプライドなどを気にしすぎていい加減なことしかせず、結果的にその人を苦しめることがあるから注意を要する。

◇——任せる育て方（中堅以上）

中堅の人びとに対する育成の主題は、〝任せる育て方〟をするということである。これはよく知られていることで、部下は試行錯誤によって能力を広げていくものであり、その余地を十分に確保するために任せる。部下はこれによって仕事の所有感を味わい、未経験の仕事に突進して自然に力をつけていく。

しかし任せるとは、全部好きなようにやってくれということではない。任せるにはまず、かれがいつまでにどのような状態に到達するかという**目標を、はっきり**押さえねばならない。部下の申し出た目標を承認したり修正したりして決めるのが望ましいが、言い出さないときは必ずマネジャーが目標を与える必要があり、ゴールは少なくとも明確に決定する必要がある。

日本人は〝よきにはからえ〟と肚《はら》の太さを好む傾向があり、これがしばしば、任せることと放任の混同を生む。肚が太いだけ仕事のキメの荒いのは、マネジャーのとるところではない。

任せる育て方を正確に表現すると、次のようになる。

目標は押さえ
方法を任せ
バックアップして成功させる

任せるとは、方法を任すということであり、これが成長を加速する。バックアップは不要のこともあり、相当行わねばならないこともあるが、いずれにせよ環境づくりの項で述べたような考え方によって成功させ、新しい自信をつけさせるのが、中堅に対する育成である。

◇──委任とタイミング

部下に仕事を任せる過程では、十分な経験のないマネジャーの場合、一種のジレンマが起きる。それは目標を与えて方法を考えさせるのはよいが、長くかかりすぎて時間切れになっては困ることだ。

任せることが大事だと一度は任せたが、ジリジリしてこうするんだと、結局方法まで教えてしまうタイプもよくある。教えられてそのとおりにやり、うまくいったとき、部下は能力を得る代わりにコンプレックスを増やしてしまう。要領のいい人は聞く方が簡単という貴重な教訓（？）を汲み取り、自分で考えることを放棄し、いつも上を向いて指示を待つという態度に堕落する危険もある。

任せることと時間内に仕上げることのバランスをとるには、部下の能力をよく見て任せ方の範囲を測り、パンクしない範囲で背伸びの余地を正確にとるしかない。そしてこの呼吸は、経験の積み重ねによって得られるマネジャーのスキルといえよう。

こちらもうっかりしていて時間がなくなり、止むを得ず自分が直接収拾せねばならないというはめに陥るのは、極力避ける必要がある。これは部下に挫折感を与え、特別のときを除き部下のプラスにはなりにくいものだからだ。
こうして部下の一人ひとりに対し、一つの山を越えさせたら、また新しい山に向かわせる。同じように慎重な注意を払い、短気は起こさない。部下を育てるのは玉を磨くようなものであり、長い努力によって人間としての成長をさせることである。

セルフ・チェック

あなたの任せ方について、

❑ 自分の本音をいえば、仕事を片づけるのに手一杯で、目標を押さえて方法を任せるといったふうにはなっていない。
❑ まあまあと思うが、目標を全員に与えて任せているとはいえない。
❑ このへんの呼吸は、まず身についているといえる。

◇——プレイング・マネジャーの指導

係長や作業長あるいは主任、グループ長などのような、部下を持つ人びとに対する育成は、二段階に分けて考えるのが適切と思われる。

最初の段階は、その職務に就任してから職務に慣れるまでの若干の期間である。一般に変化の激しい職場では慣熟に長くかかり、変化が少ない職場では比較的短期間で済む。まず日常管理を完全にするのが第一段階である。

これらの人びとは、その以前にはスペシャリストとして一人で活動する仕事を続けてきたため、仕事と人間のバランスをとるのが上手でないことも多い。放っておくと、自分が直接にやる仕事の方ばかりに熱中し、部下とのコミュニケーションや動機づけ、バックアップなどをしないために、有名無実の存在となってしまうことがあり、必要な注意と助言をする必要がある。

これらの人とその部下との間の信頼関係にも注意する。一緒に働く人びととの一体感をつくれるか否かは、いずれマネジャーとして活動するための最大の前提だからである。

第二段階は、マネジャーまたは幹部専門職となるための準備段階である。したがってマネジャーとしての基礎的なことは、この段階から注意していくことが好ましい。

◇目標による指導

役付またはそれに準じる階層に対する育成の原理は、中堅社員職員の場合と同じく、「任せる育て方」による。まず目標を決めさせ、それに到達するための方法は本人に考えさせ、よく見ていて必要なときバックアップする。

この層には、その**自発性を完成させておかねばならない**。たとえば目標を決めるとき、中堅の場合にはこちらから目標を指示するのも止むを得ないが、役付層では自主的に自分に荷物を負わすことが自分を伸ばすのに大事であることを説き、自分で現状の問題点を考え、自分の目標を自分でまとめ、相談にくる習慣をつくらせることが必要である。

その上でよく話し合い、かれの目標を承認する。指導は一般社員よりも少なく、バックアップも同様の傾向を持つことになるが、こちらが心配しなくとも、万事自主的に考え行動する状態をつくり出していくことが、育成の中心となる。

〃一段階上の立場で考える〃習慣をつけさせること。この視点から担当分野についてのいろいろな提案をすることも、この層でマスターさせる。視野を上司と同じレベルで考える能力は、係長主任の時代から仕込まねばならないことだといえよう。

◇──スパン・コントロール

以上のような指導を行ったのち、役付者にさらに配慮を要するのは、個々の人の仕事のスパンを調節することである。

年頃としては最も活気に満ち、体力も十分、激務にも堪えられ、変化の能力も高い階層だから、よくできる人は徹底的にその能力を伸ばさねばならないし、できない人には必要な配慮をし、自信をつけ直させる。

仕事が順調で余裕を持って仕事をしている人には、どんどん未経験の仕事を与え、それを克服するようにもっていく。マネジャーの代理をつとめさせ、内部や外部の交渉などに広げていく。見込みありと思ったら次々と荷物を増やし、それを一つずつ卒業させる。

思うようにいっていない人に対しては、その原因を見た上で、かれの能力に問題があるなら、必要に応じ荷物を軽くし、それを完全にこなせるように誘導する。それがうまくいけば今度は荷物を増やすし、ダメならさらに荷を軽くしていく。このような指導によって潜在能力のある人は急速に伸び、それほどでない人も処《ところ》を得るようになる。

スパン・コントロールは、このクラス以上の人びとに対する重要なアプローチである。

要約

1 人の面での諸問題には、対上司・対同僚・対外部・対部下の四つがある。いずれに対しても「信頼感」の維持がその基盤であり、上司との関係では全体最適の発想による積極的な補佐、提案、コミュニケーション活動が重要である。

2 他部門の同僚の協力を確保するには、平素の連絡の緻密さ、他部門からの要請に対する積極的協力、早めの協力依頼などが必要である。

3 日常的な人の管理には、信頼感の維持向上、動機づけおよび育成の三要素が問題となる。信頼感が不十分であれば動機づけは難しく、動機づけに問題があれば育成も効果的には進まない。

4 マネジャーが部下の信頼を得るには、利他的で、仕事に強い情熱を持ち、公私の別が明確であるなど、人柄が大切であり、また判断の的確さや上を動かす能力、部下に対する周密なバックアップなどが重要である。

5 部下の動機づけには、まず部下のやる気を殺《そ》ぐ自分自身の悪癖を直す必要があり、人を長所から見る習慣をつけ、仕事を面白くやる方法を指導し、部下とともに仕事の達成を喜び、また仕事の分担方式や小集団活動の支援に工夫を要する。

6 部下の育成のためには、まずマネジャー自身がみずからの行動を通じて模範を示す必要があり、未経験の仕事に挑戦させ、克服させて自信をつけさせる方法に熟達し、仕事そのものを教材として活用する態度が望ましい。

7 新人に対しては「やってみせる育て方」、中堅以上に対しては「任せる育て方」が適切であり、個人別にスパン・コントロールを行って能力の拡大を促進する必要がある。

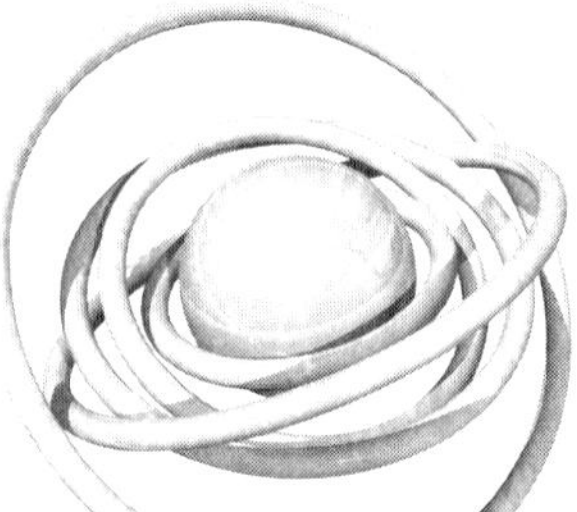

第7章

人の改革

人の面において、マネジャーがその機能を発揮すべき第二の問題は、人の改革である。
人についての改革は、風土改革と部下改質の二つに分けて考えることができる。

1 風土改革

一つの企業またはそのなかの部門には、創業以来の経験や、指導者によって形成された共通的な価値観や行動習慣がある。それは部門の雰囲気や空気、社風や部風といってもよいが、そのうちで好ましくない風土を改革するのは、マネジャーの重要な任務の一つである。

◇活性改革ということ

ある中堅商事会社の大阪支店は、誰が支店長になっても成績の上がらない、万年赤字の難物支店とされていた。O氏は気の進まないまま異動で大阪支店長となったが、店内の印象は暗く、得意先の挨拶回りでは苦情を言われ、営業店にかかわらず朝の出勤は遅く、内部の事務整理も不完全で、予想外に売掛けの焦げつきがあるという、さんざんのスタートであった。

気をとり直した新支店長は、三カ月後に全員を集め、三年売上倍増の目標を打ち出した。そしてそのとき思いつき、この目標を達成した時点で、この陰気で不便なオフィスを、市の中心部に移転したいとつけ加えた。

この発表のあと店内には、違った反応があらわれた。出勤が早くなり、会議が活発化し、夜遅くまで議論する日が続き、売上は急速に伸びはじめた。三年の目標は二年あまりで達成され、同時に新しいオフィスに移転が行われた。

全員で飲んだとき支店長は、中堅社員の一人からこんな話を聞かされた。かれの赴任前から皆は店の赤字を気にしており、そのためにはまず、新しい場所に移って気分一新が必要だと思っていたが、赤字支店なので言い出すわけにはいかず、ジレンマに陥っていたところだったというのだ。支店長は、これは本当の成功ではなくフロックだったと述懐した。

このO支店長は、こうして部門内部の活性のレベルを改革し、これによって業績も、劇的な変化をとげた。

ある幹部が特定部門の責任者となったとき、突然その部門内部の空気が変わり、沈滞していた人びとが、やる気満々で一斉に立ち上がり、業績にも劇的な変化をもたらすことは、いままで会社のなかで、いろいろな人によって行われてきた。マネジャーはこうした、集団を単位としての心の改革、活性の改革ができなくてはならない。

人間集団のやる気の変化ほど、めざましい結果を生み出すものはない。そこでは人間の力は、算術的範囲を超えて、驚くべき業績の飛躍を生む。

風土改革の第一のタイプは**活性改革**である。

◇――活性低下の構造

一般に、一つの部門の活性を低下させる原因には、二つがあると思われる。

一つは**環境的原因**。景気がよくて仕事や金の使い方が放漫になり、心まで腐る。難しい状況なのに手を打たず、これが上部不信に転化する。起こった問題に対する処置がまずかったため、会社の意図が誤解されたり心が曲がったりするなど、要するに外部的要因から連鎖して、各種の不信や弛緩《しかん》が起こり、これが皆の心を閉ざし、活性が低下していく。

もう一つは**人間的原因**。経営者や部門幹部にまずい考え方や行動をする人がおり、この影響で皆の心を荒廃に導く。部門内部に問題のある人が風土を劣化させているのだが、

活性低下メカニズム

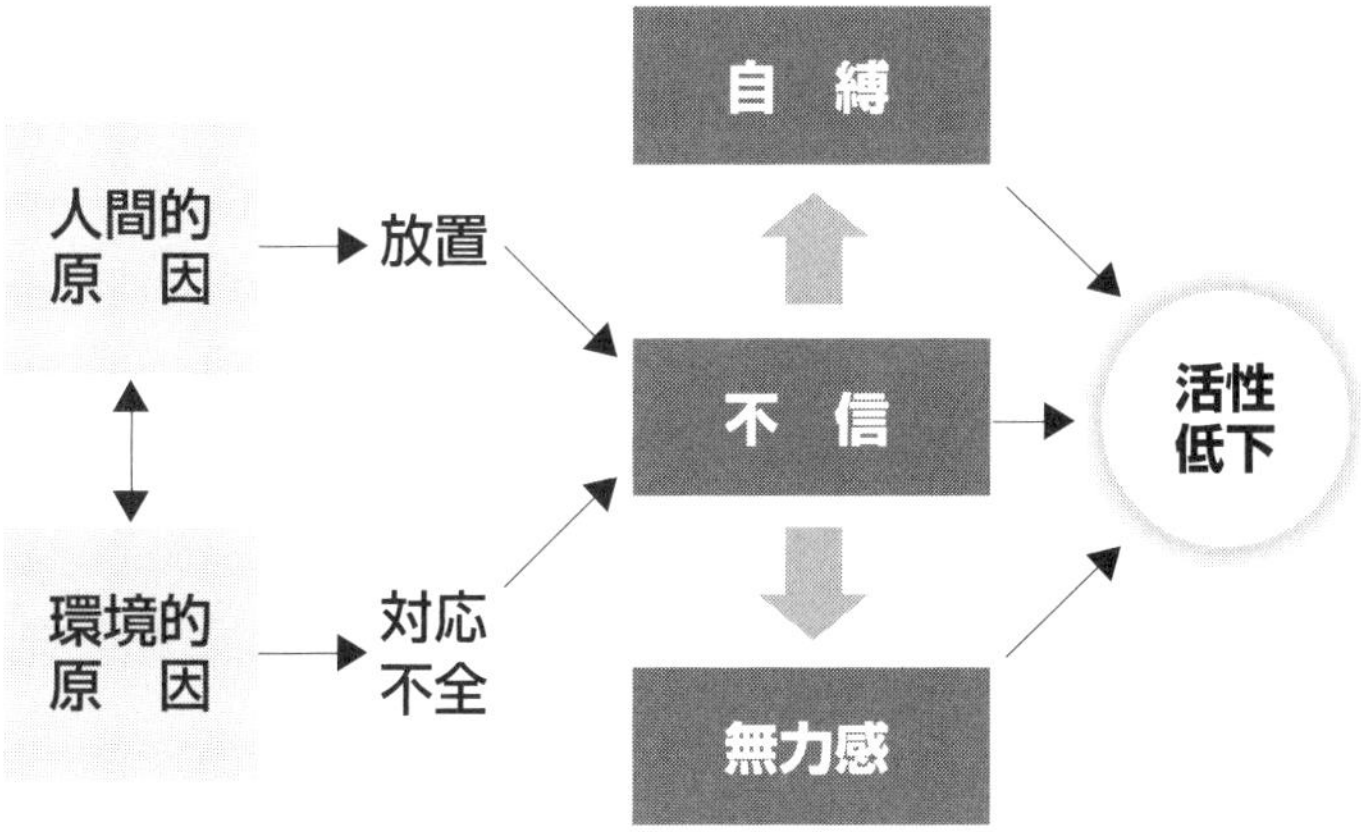

幹部がこれを放置していると、不信感が上に向かって皆がなげやりになる。

あるいは不公平な幹部、力で人を押さえるマネジャーなどが、全体をしらけさせていることもある。

この環境的原因と人間的原因は、相互に作用して問題を深刻にする。人間的原因はこれを放置することによって人びとの不信を招き、環境的原因は対応がまずいために、同じく会社全体あるいは幹部への信頼感を低下させる。

この不信が続くと、それは劣等感や無力感に転化し、それがさらに自分で自分を縛るという悪循環を繰り返す。この大阪支店のケースでも、相当以前の不幸な事件が、その後の処置のまずさによって、自他ともに「札つき」と認識されることになったようである。

こうした悪循環で固まった状態をどう解きほぐし、新たな体質につくり直すか。これが活性改革の問題といえよう。

◇——何を求めているか

活性の改革を行う最も重要なチャンスは、自分が新たな部門の長に就任した直後の、何カ月かの間にある。

新しいマネジャーが来たとき、その部下の人びとは緊張し、どんな人なのか、何を言い出すのかに関心が集まるのが常で、こうした時期にマネジャーが言い出すことには敏感に反応する。しかし年月がたつと、この緊張はゆるみ、上司がどんな人かもわかって、最初のような張りつめた緊張で受け止めない。要するに風土改革は、皆が反応しやすいこの時期を選んで行うことが重要である。

しかし現実には、就任当初の数カ月を、ほかのことにかまけてうかうかと過ごしてしまうマネジャーもいる。こうはならないよう、就任直後の数カ月を意識的に使う態度が必要だろう。

活性改革を行うためには、まず部門内の一人ひとりのメンバーが、いま何を考え、何を求めているかを正しく把握する必要がある。

働く人びとの日常を見ると、何の屈託《くったく》もなく活動しているように見える。しかし現実には大抵の人が何らかの問題意識を持ち、こうあるべきではないかという希望や悩みを抱いていることが多い。さきの大阪支店のケースでも、やはり皆が考え、ジレンマに悩んでいた。

O支店長はまず、支店の全員に個別に面接し、担当の仕事の現況や問題意識、気持ちをしっかり聞き込むべきであった。O支店長がこれをきちんとやっていれば、皆がどこで鬱屈《うっくつ》しており、どんな目標を掲げればその活性が爆発するかをつかめたはずである。

同氏の述懐によると、みんなの考えを組織的につかむ努力はせず、全員に三年の目標を説明している間にふと思いついて、オフィスを移転する話を追加したのが偶然当たって、このようなエネルギーの大爆発があった。だからこの成功は偶然そうなっただけで、あまりほめられた話ではない。「これからポストを変わるときには、まずじっくりと一人ひとりの話を聞いてから目標を掲げようと思います」とのことであった。

◇原因に応じた手

皆はいま、何を求めているのか。どうすれば全員に火がつき、エネルギーが爆発するのか。このポイントは、相手とする職場ごとにすべて違う。

この例のように、達成したらオフィスを移るという目標を示しただけでうまくいくというったケースは運がいい方で、普通、みんなのやる気を抑えて発揮させない抑圧因子には、いろいろなものがある。

前任者に問題があり、その不信感で全員がやる気をなくしているケース。部門内の特定の人物が攪乱《かくらん》要素となっており、それで困っているのに上司は何もしてくれない。長い間業績不振で全員自信を失っている。何を提案しても上が聞いてくれず、ならばご勝手にとすねているなど、この因子にはいろいろなものが存在する。マネジャーとしては、その因子を正しくつかみ、それを上手に除去する手を打たねばならない。活性をとり戻す方法は結局千差万別で、その原因に応じた手を打つこととなる。

新しい部門の長となったとき、内部のやる気は、なかなかの高水準にあり、活性改革を必要としないのではないかと感じるときもある。

こうした場合に注意を要するのは、部門内部のモラールが高いか低いかについての客観的判断は容易ではなく、マネジャーはこの水準を、おもに前にいた部門と比較した感じで判断する傾向が強い。つまりモラールの低い部門から来ると、新任の部門がそれより高ければ、大したレベルでなくとも、問題がないように感じる可能性が高い。

このときの判断には、最近の業績の推移が参考になる。外部の環境が悪くても業績が登り坂にあるのなら、モラールは高いと考えてよいし、そうした傾向が見出せないならば、いまの程度では問題と考える必要があろう。

◇衝突と吸収

活性という言葉は、もともと化学の用語である。

> 広辞林によると、活性とは、
> 分子や原子が他の原子や分子と衝突し、
> または輻射線を吸収して
> エネルギー準位の高い状態になり、

化学反応が活発になる性質をいう
となっている。

これは、人間の集団にもあてはまることである。高い活性を得るにはまず、なんらかの「衝突」が必要で、衝突を避けていては、新しいものは生まれない。万事になあなあの妥協ばかりを繰り返し、陰で批判するような状態は、最も活性から遠い状態である。

また相互吸収も活性の重要な要素である。お互い学び合うものなどないという傲慢な態度でなく、真剣に他のメンバーの話を聞き、よいと思ったら、すぐそれを吸収し学び合う。こうした素直な空気がなければ、活性があるとはいえない。

衝突と吸収が活性の条件であるが、そのための前提としては、その集団をかたちづくる人びとが同質でなく、**異質の人の集まりである**ことも大切だ。同質の人の集団からは、衝突も吸収も生まれにくい。発想の異なる人、男性もいれば女性もいる。新卒の人と中途採用の人、年輩の人と若い人、日本人と外国人、いままでの仕事の経歴や出身が異なる人などの混合体であることは、マネジャーにとっては荷厄介と感じやすいが、それは逆に、積極的に活用すべき要素と考えるのがいい。

活性化のためには、人員構成をさきに改革する配慮を要することも少なくない。

◇個別風土改革

風土改革のいま一つの種類は、**個別風土改革**。活性以外の悪しき価値観や行動習慣を駆逐し、望ましい価値観や行動習慣を再確立することである。

前出の大阪支店のケースでは、移転して活性が高まったあと、二つの個別風土改革を進めた。一つは、活発になった営業活動を観察した結果、売上増加は重視するが、代金回収に対する関心がいま一つで、改革が必要だったことである。次の年にこの問題に取り組んで、一年でこれを卒業させ、ついで受注のときの採算重視を徹底させることに、約二年を費やした。

これらはいずれも、個別風土改革の例である。

こうした克服を要する個々の風土要素に対する挑戦は、普通、活性改革を行ったのちに、重要なものから一つずつやっていく心構えが必要である。活性が不十分で、内部メンバーが不完全燃焼の状態にあるときに個別風土要素を問題にしても、相手の反応が鈍く、大き

な効果を得にくいことが多く、活性改革によって積極的に何にでも挑戦しようという雰囲気が出てきたのちに行う方が、一般に有利だといえよう。

◇繰り返し効果

個別風土改革には必ずしも標準的なやり方があるわけではなく、矯正すべき価値観や行動の習慣の項目ごとに、それに最もフィットした改革方法を、その都度工夫すべきものである。

しかし、比較的共通度の高いアプローチもいくつかある。その第一はまず、部下の人びとに対し、何度でも正しい考え方や態度を、飽きることなく繰り返し説くことである。〝こういう考え方はいけない。なぜならば、こうだからだ。このように考え、こう動いてほしい〟ということを、相手の耳にタコができるほど、あらゆる会合の場を通じて繰り返す。

部下の人びとからの反論があれば、それに丁寧に答える。〝またはじまった〟といった顔をされても気にせず、とにかく粘り強く口に出して繰り返す。これによって部下は、だんだんその気になっていく。

このように、うるさく繰り返し言うことによって部下の考えや行動が変わるようなもの

風土改革一般手順

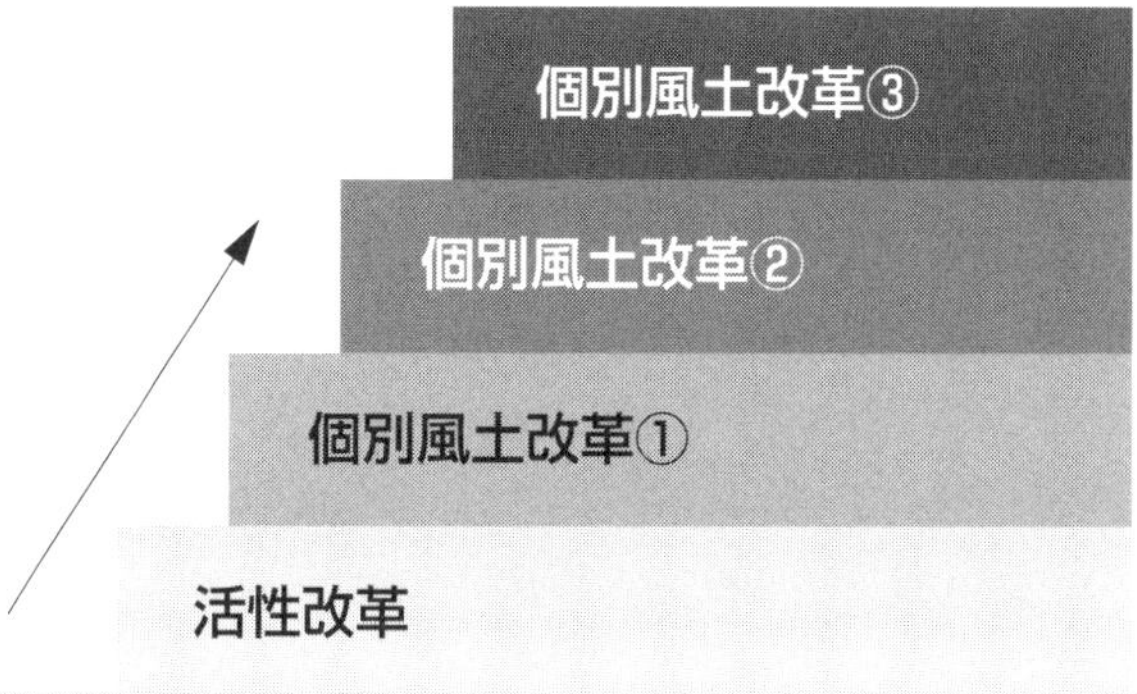

もあれば、これだけでは変わりようのないこともある。後者であるならば、その変えるべき価値観や行動習慣――風土要素ごとに、実際の行動を変えるのに何が足りないかを調べ、必要な手を打つ。

具体的な方法が明確でないために足踏みしているのなら、それを立案させて実験し、そのやり方を教育する。いまの業務分担や、内部の制度が考えを変えさせる障害になるのなら、それらを変える。望ましい方向へ動いていきつつあるか否かを明確にするための報告書制度をつくり、これを毎月検討するような方式をつくらねばならないこともある。

採算の悪い受注を減らし、支店の利益率をより向上させるために、前述のO支店長のとった対策は、会議でその重要性の強調を繰り返し、月次の平均営業利益率を毎月公表し、グラフを掲示し、一定以上の金額の受注については、決定以前に支店長が担当者と、状況の細部について、直接話し合うようにした。得意先の主張が強く、採算がいつも低い相手には、支店長が必ず出向き、交渉の矢面に立った。

個別風土改革で克服すべき風土要素は、「一時に一つ」を原則とし、二つ三つと複数の問題を並行的に扱わない方がよい。そして一つを克服したら、また次の一つに挑戦するやり方が望ましいようだ。一時に複数の要素を問題にすると心が徹底せず、逆に相殺効果が起き、考え方や態度をうまく変化させることが難しい。

2 部下改質

部下改質とは、問題のある部下個人の考え方や態度、あるいは具体的な行動のしかたそのものを、よりよい方向へ大きく変化させることである。マネジャーはいろいろな部下を持つが、そのなかには必ず問題のある人が存在する。そのような人びとに対し、有効に役立ち得る能力を持っているかどうか。

◇――可能性への信念

部下を変化させたいとき考えるべき第一の心構えは、部下の変化可能性を信じることである。

態度や行動のしかたに問題がある部下に対しては、これを育てがいなしと考えたり、ダメと決めつけたりせず、男女を問わず、正規の職員であると否とを問わず、一切の先入観を排し、その変化の可能性を信じるところから万事ははじまる。

人は、マネジャーがその気になって相手に踏み込んでいき、必要な努力をすれば、必ず変化するものである。人を決めつけて、育てる努力を払わないマネジャーをしばしば見るが、この人びとは相手に踏み込んで実際に変化させた経験がなく、ために自己の無力感を、相手をダメと決めつけることによって正当化しているともいえる。

人間の可能性を信じること。これが部下改質の第一歩である。

ある銀行の地方支店に、高年の女性がいた。庶務にいるが底意地が悪く、新入行の女性は、一度は彼女に泣かされるらしく、庶務の責任者はよく苦情を聞かされていた。

新しい支店長が着任して店内の事情を聞き、このことを知った。彼女は入行後、他の女子行員と同じようにローテーションで店内の各係を回ったが、どこでも無愛想で評判が悪く、いろいろな人が、いままで注意したり話し合ったりしたが、アプローチすればするほどかたくなになり、手に余る。それで結局、年輩者が責任者になっている庶務に置いてあるという。

支店長は一度彼女と会って話し合ったが、いろいろ考えたあげく、思い切って彼女を店の

業績にとっては最も重要な係で、いままで男子行員が座っていた窓口業務を担当させることにした。店内幹部の反対があったがそれを押し切り、担当の支店長代理には因果を含め、これを申し渡した。

彼女は驚いたことに、わずか一カ月くらいの間に突然変異をとげた。ぶっきらぼうなところがなくなり、仕事への集中と努力があらわれ、テキパキと的確に仕事を片づけ、前任の男子行員に劣らぬ判断力を示した。自信が出てきたのか若い人たちにも親切になり、店内での不評はいつの間にか消えた。

◇カウンセリング

やる気が足りないという意味で問題の人がいる。マネジャーは個別にその人にアプローチし、火をつけ直さねばならないが、これにはカウンセリングを行って障害因子を把握し、この要因を排除して潜在意欲を顕在化させる必要がある。

典型的な方法は、仕事を離れた場所でじっくり相手の話を聞くことからはじまる。話題は仕事、私生活、学校、家庭、趣味など、立ち入りすぎない範囲で、相手の全体像を十分理解する。話の腰を折らず、よい聞き手に徹する。やる気の出ない人は、普通、心を閉ざして自分のなかだけにこもっている傾向があり、これで心の窓を開かせ、何が相手の障害になっているのかをつかむ。

一回の話し合いでは心が開かず、あるいは相手の障害因子がつかめないときは、つかめるまで繰り返して話し合い、個人的にも親密になっていき、その原因を取り除く手を打つ。人によっては思いを吐き出すことでカタルシスを味わい、それ自体が転機となることもある。

基本ができていないせいなら基本を教育する（セールス担当者などにはよくこれがある）。仕事が難しすぎて自信がないなら、もっとやさしい仕事につけて独力で克服させ、ほめて自信のつけ直しをする。あらぬ自己卑小感に悩んで閉じこもっているなら、ほめる、大事なポストにつけるといった形でマネジャーがどう思っているかを明確に表現する。プライベートな悩みなら助言し、必要に応じ解決を手伝う。心の病気なら専門医にいくことをすすめる。こうして、つかんだ原因に対応する手を打ってあとの様子を見、さらに必要な手を打つ。

人が変化をするには、まず心が開かれており、外部からの刺激を受け入れる状態になくてはならないし、またある意味での自信がないと、人は変わらないもののようである。閉ざしている心を、どうやって開かせ、どうアプローチして相手に自信を持たせるか。これがカウンセリングの鍵だ。

◇――基本動作のしつけ

マネジャーは、とくに新人に対し、基本動作に問題のある人を注意深く把握し、個別にしつけ直しを完全にやる必要がある。

ここでいう基本動作とは、組織のなかで気持ちよく働くために必要な、ごく基本的な事項についての日常習慣を意味し、これが不完全なときは周囲に迷惑をかけ、ために内部で孤立して仕事もうまくいかなくなるものだ。

基本動作の例としては、次のようなものがある。

顧客意識……お客様のために一生懸命役立とうとする心と態度、行動のしかた。

指示の確認……指示を受けたときわかりにくければ質問して確かめ、複雑な用件なら復唱し、指示されたことを一度で、確実に果たす習慣。

実行報告……指示されたことについては実行後、必ず指示した人に自発的に報告し、催促されないしつけ。

的確な連絡……内部外部の連絡を、その都度こまめに正確に行い、連絡遅れや伝達不正確のために顧客や他の人に迷惑をかけないこと。

悪い報告……事故やクレームなど悪いことが起こったときの報告を迅速に行い、善後処置を遅らせない習慣。

時間や期限の厳守……仕事や会議など、すべてにおいて時間や期限などを正確に守り、他人に迷惑をかけないこと。

読みやすい文章と文字……書類や文書などに書く文字や数字が読みやすく、かつ正確なこと。

要を得た報告……文書だけでなく口頭や電話、メールなどによる報告・連絡が、簡潔で要を得ていること。

自発的協力……グループのなかで互いに助け合い、忙しい人や困っている人には自発的に協力する習慣。

服装・言葉づかい……服装が仕事や職務にふさわしく、かつ言葉づかいや挙動が人に不快感や誤解を与えないこと。

迅速な反応……指示や質問、相談や依頼に対して敏速に反応し、連動する習慣。クイック・レスポンス。

正確な勤務習慣……出勤時間や業務開始時間を正確に守り、無断欠勤や無断遅刻をしないこと。

公私の別……会社の電話や消耗品などを私用に使わず、また勤務時間を私用に使わないこと。

人間関係をこわさない配慮……本人のいないところで第三者にその人の陰口を言ったり、女性に対して心ないことを言うなど、人間関係を悪くするような悪癖を持たないこと。

その他……ほかの人に不快を与えたり、仕事をやりにくくするようなことを敏速に排除していく習慣。

基本動作の本質は、組織のなかで他の人びとを働きやすくすることにある。これらは新たに組織に入った直後に教え込むことが最も効率的であり、その後、年を経るにつれて矯正は難しくなる傾向を持つ。

◇冷静に繰り返し注意する

こうした社会人としてのごく基本的な教育は、かつては学校や家庭がその役割を果たしていた。しかしいままでは、これらに大きな期待を抱くことは難しくなってきており、企業その他の社会的組織が、新人を迎え入れる段階においてチェックし、必要な矯正をせねばならなくなってきている。

マネジャーは新人の教育担当者に対し、基本動作での問題点を正確につかんで注意を与えることを要請するとともに、自分も直接新人の行動習慣をチェックし、必要な注意を与える必要がある。

この場合留意すべきことは、一度注意すれば、直ちにそれは直るといったことを、新人に期待しないことである。この種の問題は一種の生活習慣で、一度注意を受けただけで翌日からぴたりと直るものではない。それは自分自身を考えてみればよくわかる。

一度注意したのに直らないとき、腹を立てるのはよくない。前に注意したことはおくびにも出さず、はじめてそのことを注意するような顔で、同じ言葉で丁寧に説く。そしてこれを、相手の癖が直るまで、その都度繰り返す。

基本動作のしつけは、簡単なものなら数回、一カ月か二カ月で片づく。長いものでも半年か一年粘れば、結局時間が解決するもので、いつかこちらも気にならないレベルまで変化するものである。

基本動作に欠点のある人は、ときに中堅社員や係長の層などにもいる。これらの人びとは、たとえ仕事で高い能力を持っていても、まわりから信頼されず、その能力を十分発揮することができない。したがってこの点で問題のある中堅社員や役付き者に対しても、同様の矯正努力が要る。中途採用者のなかには以前に在籍した企業で、この種のしつけを受けていない人も含まれており、年輩者だから基本動作は卒業していると錯覚するのはよくない。

また新人・中堅のいずれを問わず、注意を与える基本動作の種類は一時に一つ。それをマスターしたと思ったら、次の問題動作に移るのが原則である。

セルフ・チェック

- ❑ 自分は部下に対し、ここに述べられたようなしつけを十分根気よく行っているとはいえない。
- ❑ まあやっている方だと思うが、気がつかなかったり半分諦めたりしている部分がある。
- ❑ 必要なことは十分根気よく指導しており、自分に預けてくれれば、大抵完全に卒業させている。

◇成長阻害要素を取り除く

中堅社員の段階にある人に対し、とくに注意深く矯正すべき問題がいくつかある。

その第一は、上役や先輩を頼りにしすぎ、いつも**どうしましょうか**と伺いを立てに来るタイプである。自分の頭で考える習慣が欠けていると、それは本人の成長を大きく阻害する。

〝どうしましょうか〟と来たとき、ではこうしろとは言わず、まず自分の考えを言わせる。不完全でも自分の考えを言ってきたら、ほめて指導する。考えを聞かれるので来なくなる人には、こちらから出ていく。

第二には、何かといえば**できません**というタイプである。これも先ざきで問題となる人で、できませんという前に、どんな方法があるかを考えるよう指導する。ヒントを与えて誘導することも重要である。

第三は自信が強すぎて人の言うことを素直に聞けない、**感受性不全**組の治療である。仕事が順調にいき、成功が重なると、このようになる人が出てくる。素直に人の話に耳を傾けるからさらに成長が確保されるのであって、このタイプはいかに能力があっても、このあとの成長は望めない。

このタイプには、より難しい仕事にぶつけ、本当の苦労をしてもらうこと。また直言が必要であり、激論もときに必要である。またこの状態に陥るのは、それまでにマネジャーがかれをほめる一方で、ワサビの効かせ方が不足していたことにもよる。優秀な人には、ほめるだけではだめだ。

セルフ・チェック

〝どうしましょうか〟、〝できません〟、および感受性不全の三つをあげましたが、あなたの部下の中堅社員職員には、

❏ これに該当する人がいる。
❏ いない。
❏ わからないが、考えてみよう。

◇全員業績直結

E氏は三十五歳、東大出身で社歴は十二年、調査課の課長補佐になった。

しかし、E氏が着任してから一カ月ほどたったとき、調査課長には疑心が生じた。それは、かれに文書の起案や簡単な調査報告を頼んでも、それが出てくるまでに時間がかかることで

ある。これに対して課長が催促すると、かれはプライドを傷つけられた様子で不満げであった。

はじめは、新しい仕事に慣れていないのかと考えたが、三カ月たち六カ月たってもこれが直らない。かれのつくった文書は決して上手とはいえず、課長は気になって仕方がなかった。

課長はある日、かれが起案した稟議書に真っ赤に朱を入れて返したところ、E氏は課長に不満を言ってきた。課長はかれを別室に呼び、E氏の書いた文書には問題があることを述べ、この際、文書の問題は卒業してもらいたい、そのためにも今後とも私は朱を入れるからと丁寧に話し、E氏は納得した。

E氏の文書は、この繰り返しによってその後上達し、調査の仕方、計画の立て方などについても課長のやり方を見習うようになり、急速な進歩を示した。最初の頃、課長が感じた潜在的反感のようなものはその後消えてしまい、その課の他のメンバーにも溶け込んで気持ちよく働くようになった。

課長がかれと親しくなってわかったのは、E氏は卒業後個人的事情で中小企業におり、そこでは何も教えられないまま、一年後にいまの会社に入ったということであった。

企業がいま直面する重要問題の一つは、中年や高年に達した人びとを、いかにして会社の業績に直結した存在とするか、ということである。

どの業界でも競争は激しく、売上の成長はままならないのに、人件費や経費は毎年確実に累増する。したがって社内の全員がなんらかの形で企業の業績に直結し、利益を生み出す存在となるべき時代だ。

しかし現実には戦力から外れ、内部的にも浮き上がって処を得ていない人びとがいる。マネジャーの重要な役割の一つは、こうした人びとにアプローチして変化を起こさせることであり、全員が業績に直結した存在とする努力を重ねることだといえよう。

このためにはまず、二十代、三十代のころから部下の一人ひとりを注意深く観察し、的確に必要な手を打っていく必要がある。中高年に達して問題となる人の兆候は、必ずその以前から出ているもので、ある日突然、問題が一度に噴出する性質のものではない。

部下全員に処を得させ、気持ちよく働ける環境をつくる。これはマネジャーの重要な任務である。

◇――部長によるマネジャー改質

部長は、部下課長を変化させる力を持つ必要がある。

部長層のなかには、課長を、すでにでき上がった、**これ以上変わりようのない人物**と考え、問題だと思いながら何も言わない人が少なくない。しかしこの態度は間違っている。課長時代ほど刺激的で変化しやすく、かつ変化させやすい時代はないと考えるのが、むしろ正しい。

部長は課長との話を、単に仕事上のやりとりだけに終始するのではなく、機をとらえて改めてじっくり懇談し、相手が自分をどう認識し、どんな問題意識を自分に持っているのかを聞き、また相手の評価すべきところを評価し、問題と思っていることを率直に述べ、その意味や自己改革の方法について話し合うことが望ましい。

一人ひとりの課長とは、毎年話し合いの上、明確な目標を設定する必要がある。課長なのだからそこまでしなくともという考え方は全く逆。幹部になればなるほど己にきびしく、身を持するに厳であることを求める。

課長は個別に、いま**管理不全**、**正常管理**、**受動改革**、**主導改革**のいずれの段階にあり、業務・人いずれの面に問題があるのかを正しくつかみ、いかにして次の段階に進ませるかを課長とともに考える必要がある。いま管理不全なら、いかにしてそれを完全にするか。

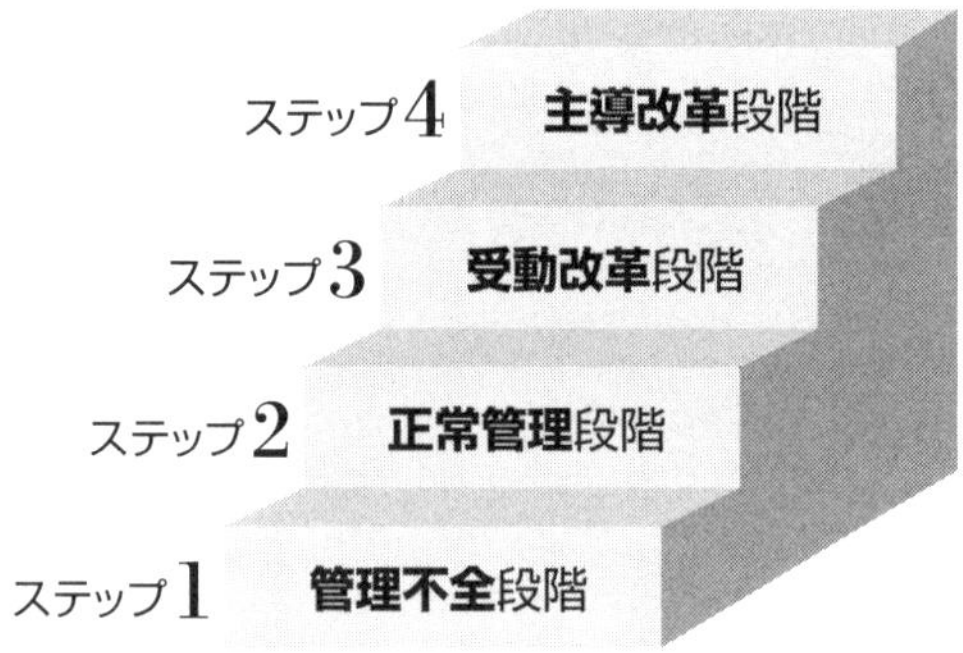

管理だけに終始しているのなら、それをどうやって改革段階に持っていくか。なかなか新発想が出ないときはこちらから出して改革を部長が主導し、改革の意味をわかってもらい、次に「主導」を期待する。

課長改質とは、今の段階から次へ進ませ、その考え方や態度、行動を変革することであり、これができるか否かは部長の力を測る重要な指標の一つといえよう。

要約

1 人の改革は、風土改革と部下改質の二つに分けて考えることができる。マネジャーはこの二つに対する能力を持たなくてはならない。

2 風土改革とは、担当部門内部の共通的価値観や行動習慣を変革することを意味し、まず活性改革を行い、ついで個別風土改革を行うことが望ましい。

3 活性改革の好機は、新たな部門の長に就任した当初の数カ月にある。部下全員が何を求め、何が活性発揮の阻害要因となっているかを的確につかみ、その解決にふさわしい手を案出し、実行する必要がある。

4 活性改革を行ったら、次に個別の風土要素のなかで好ましくないものを一つずつ駆逐し、新たな価値観を形成する必要がある。

5 部下改質とは、問題のある部下個々人を、よりよい方向へ実際に変化させることである。

6 新人に対しては、基本動作で不完全な部分をチェックし、冷静に注意を繰り返すことによって、なるべく早めにこれをマスターさせる必要がある。

7 中堅社員に対しては、みずからの成長を妨げる要因をチェックし、それを直すことによって成長を確保する。

8 課長に対しては、〝でき上がった人物〟という誤った認識を捨て、問題は率直に提示して変わることを求め、与える目標は相手のレベルに応じ、常に高いものとする必要がある。

終章

マネジャーの自己革新

現代のマネジャーはかくて、まずその日常管理を完全なものとすることからはじめ、部下・上司・同僚・外部を動かして改革を主導し、歴任する各ポストであとに残る恒久財産を確実に築きつつ歩く人であり、また全員が完全に燃焼し、信頼感に結ばれた魅力的な職場をつくり、部門の風土改革によって、自分の生きた証を組織に残して去る人である。

理想は高く、道は遠いが、マネジャーはまず自己の現状をクールに観察し、克服すべき課題を一歩ずつ着実に越えることによって、自己革新を継続的に成しとげねばなるまい。

現代におけるマネジャーの価値は、現在の能力絶対値の高さよりもむしろ、今後の変化成長の可能性によって評価される。いま高い水準にあってもこれ以上変わりない人には価値が少なく、たとえいまの水準が低くとも、フレキシブルに変化できる人の価値は大きい。自己革新こそ、この時代に生きるすべてのマネジャーの最高のテーゼといえよう。

◇――変化への信念

人は、若く未経験のとき、自分に無限の可能性を感じるが、経験を積み風雪を経て仕事の難しさを知り、齢を重ねるにつれて自分に限界を感じる傾向があり、また自分を変化させる努力に倦《う》むこともしばしばである。

しかしマネジャーは、自己の認識のいかんにかかわらず長期間のうちには変化するものであり、与えられた環境のなかで真剣に努力を続ければ、かなりの変革を期待できるものだ。

マネジャーは新ポストにつくことを喜びとし、とくに未経験の職務ほど自己革新の機会として、積極的に活用する心組みが必要だ。自信がなく保身をこととすると、結果は組織にとっても個人にとっても、不幸なものとなりやすい。

あまり異動がなく、自分が同種の仕事に長くつきすぎていると感じるときは、現職場でのマンネリを防ぎ、未経験のポストと同様な自己革新効果を得るため、自己の目標を思い切り引き上げ、それに挑戦するのも一つの方法である。格段に高い目標への挑戦は、必然的に革新的な考えを生み出す努力を生み出す効果を持つ。

ただし、このような経験主義だけでは、自己革新はいつか壁に突き当たる。ここには二つの危険がある。

その一つは、未経験の問題に挑戦し、成功を重ねて成長路線に乗ると、結果的に自信が増大しすぎ、ために逆に自己の陶冶《とうや》性を失う可能性があるということである。自分の流儀が正しいという考えは、人の成長を停滞させる。

落とし穴の第二は、仕事の範囲でしか新情報が得られないため、いつのまにか視野が狭くなり、時代や組織外部の変化への感受性が鈍る危険である。成功が続くと、それに熱中することによって、目前の状況しか見なくなることも珍しくない。

◇──自主プログラム

したがってマネジャーは、以上のような欠陥を防ぐため他分野の本を読み、通信教育や社内外のセミナー等を受講し、外部で開催される担当分野の大会や全国会議に出、また異質の人との交友を広げるなど、絶えず別の角度から自分を刺激するプログラムを持つことも必要である。

マネジャーはおおむね、年を経るに従い耳学問派になり、直観的に反応しがちで、論理思考が弱くなりがちである。ときに立ち止まって、物事をよく考える習慣は重要で、活字はこのために大切である。

雑誌や本を読むということは、その内容を記憶するために読むのではなく、内容からその意味を考え、類推をし、異質の思想を理解し、最終的に自分自身の新たな考えを創るためと考えるのが、この時代のマネジャーにふさわしい態度といえよう。

マネジャーがある情報を活字や対話から得たら、そこから反応して新しい方法を生み出し実行してこそ意味があり、単なる知識の集積は意味がない。いまはその情報の所在さえ知っていれば、必要なときに取り出せる。問題はそこからどんな創造的な成果が得られるかということだ。

本や人の話、インターネットで得た情報などは自分の思想を豊かにし、新たな行動を創るための触媒である。

交友と師

マネジャーはときに、状況判断や行動方途に迷い、思い悩む。これはあとから、貴重な経験だったと知るが、そのときの本人には重く、苦しい想いがある。

このようなとき、個人的に話を聞き、あるいは相談する人を持っているかどうかは、自己革新のために大切である。少なくとも一人はこのような人を持ちたい。必ずしも仕事の相談相手である必要はなく、人間としてその話を聞き、対座して考える相手であればよい。

旧師でも宗教家でも、先輩でも、あるいはかつての上司でも友人でも、いままでの人生で出会い、自分の尊敬する人であれば誰でもよい。いきづまったときに会い、雑談し話を聞く。話をしているうちにいつか心が解け、いずれにせよこうだなと心が決まることもあるし、心の転換のきっかけとなることもある。わだかまりをそのまま話し、考えを聞くこともあろう。人生の師を持つことは大切である。

マネジャーの交友範囲は、そのレベルを決める重要な要因の一つである。ものの考え方のレベルが低く、非建設的な人びととの交わりが深ければ、自分のレベルも低くなり、逆に自分よりも高度な意識の人びとと交わっていれば、いつか自然に自分の考えも深く高くなる。

これは必ずしも、相手の社会的地位の高さ低さとは関係がない。人間として向上していくことで目を開かされることの多い人びととの交流は重要である。

◇―自己評価能力

マネジャーの自己革新にとって最後の、そして最も大切な問題は、自分自身の能力や長所短所、直す必要のある性向や習慣を冷静に評価し、これを自分の向上のために活用していけるかどうかであろう。

マネジャーには、賞讃や追従が集まりやすく、欠点の指摘は少ない傾向がある。ために無邪気に話を聞いていると、自己を正当に評価することができなくなる〝危険な職業〟だといえる。この危険度は階層が進むにつれて増大し、経営者層でその頂点に達する。

この面からマネジャーに求められる資質は、その謙虚さである。いかなる賞讃にもバイアスが入っていることを勘定に入れ、クールに客観的に自分を評価する能力が必要である。

マネジャーに対する苦言は、このような環境から極めて貴重なものとなる。直言してくれる人を持っているかどうかは、マネジャーの器量そのものを示し、狭量であればそのような人を得ることは難しい。苦言をこそ真剣に聞き、自分のなかで反応を起こさねばならない。ときに心に苦い思いをすることはマネジャーに必要なことである。

マネジャーはまた、常に地位に甘える危険に直面している。部長だから課長だからこれくらいは、という考えが不信を買う。まわりの状況にかかわらず、自己の信念に基づいて自分流に生き、人間としての完成をめざすのがマネジャーの真骨頂であろう。

◇──健康

健康を維持することは、以上の大前提である。この職務はときに心身の緊張を要し、齢を加えるにつれ激務となるという矛盾した条件を持つ。不調はときに正確な判断を阻害する。心身を鍛え、自己の健康を完全に管理する心構えがいる。

本来マネジャーの職務は、歳とともにその成熟度を増し、人間への洞察を深め、ともに働く人びとの能力を発揮させる腕前をあげるものである。この仕事には相矛盾するもの、バランスをとるべきものが多く含まれるが、経験の集積はこの微妙な兼ね合いを実現させる。

マネジャーはまた、歳とともに能力識見を高め、一個の社会人としての完成をめざすべきであることはいうまでもない。私生活での社会的活動もまた重要であり、公私にわたるバランスのとれた生活は、その人生を豊かなものとする。加齢にかかわらず常に高い向上心を持続し、年々新たな思想と能力を己に加え、顧みてみずからの生涯に悔いのない存在でありたい。

■基本は無敵——基本を知れば、備え万全——

経営上の問題解決には、その「基本」と、そこから導かれる解決策、つまり「手段」が必要である。そして基本について述べたものは、時勢が変化しても不変だが、「手段」の部分は刻々と変わっていく。

われわれはまずその「基本」を知り、新しく直面した「状況」をそれに照らし合わせ、新しい手段方法を創造していかなくてはなるまい。

「過去にとらわれた手段」の知識は、新たな状況に対しては無力なだけでなく、かえって有害なことが多い。

経験による「過去の知識」は捨て、「基本」をじっくりつかむ時代が来た。過去にとられた方法を知りたければ、インターネットやデータバンクなどで調べればよく、記憶する必要は少なくなってきた。

なおこの「基本選書」は、基本として認識する価値のあるものを選び、以下のように続刊を予定している。

ご愛読をいただきたい。

『社員革命』

『こんな幹部は辞表を書け』

本書は、一九八八年に日本能率協会より出版された『新版管理者革命』に、著者自らが加筆・修正を加え改題して刊行したものです。

著者紹介●

畠　山　芳　雄（はたけやま　よしお）

1924年、北海道帯広生まれ。
1949年、社団法人日本能率協会に入り、経営コンサルタント、幹部教育リーダーとして多数の企業、公社、公団などの調査、勧告、教育に当たる。専門は経営調査、幹部能力開発。
同協会理事長、副会長、顧問を歴任。2014年逝去。

著書●
『社員革命』
『役員・いかにあるべきか』
『こんな幹部は辞表を書け（正・続・続々）』
『新装版　サービスの品質とは何か』
『新版　部長・何を成すべきか』
（いずれも日本能率協会マネジメントセンター刊）ほか、多数。

［マネジメントの基本］選書
マネジャー・どう行動すべきか

1988年4月25日初版第1刷発行（『新版　管理者革命』）
（2003年6月30日　第26刷発行）
2005年11月1日　改題第1刷発行
2024年7月5日　第16刷発行

著　者――畠山芳雄

発行者――張 士洛
発行所――日本能率協会マネジメントセンター

〒103-6009 東京都中央区日本橋2-7-1　東京日本橋タワー
TEL　03（6362）4339（編集）／03（6362）4558（販売）
FAX　03（3272）8127（編集・販売）
https://www.jmam.co.jp/

装　丁――倉田明典
本文DTP―有限会社タイプフェイス
印刷所――シナノ書籍印刷株式会社
製本所――株式会社三森製本所

ISBN978-4-8207-1658-7 C2034
落丁・乱丁はおとりかえします。
PRINTED IN JAPAN